Reihe Wirtschaftsrecht für Praktiker

Wer den Schaden hat...
Unverzichtbares Praxiswissen zur Vermeidung der Produktfehlerhaftung

Band 2

2. Auflage 2006

Prof. Dr. jur. Josef Scherer
Richter am Landgericht a.D.,
Professor für Unternehmensrecht, Risiko- und Krisenmanagement,
Sanierungs- und Insolvenzrecht
an der Fachhochschule Deggendorf

Johannes Friedrich
Rechtsanwalt
Lehrbeauftragter der Fachhochschule Deggendorf

Dipl. Theol. (Univ.) Peter Schmieder
Wirtschaftsmediator, Managementtrainer
Lehrbeauftragter der Fachhochschule Deggendorf

Dipl. jur. (Univ.) Christina Koller
Rechtsanwältin
Lehrbeauftragte der Fachhochschule Deggendorf

rtw medien verlag 2006

Herausgeber

Prof. Dr. Josef Scherer, Richter am Landgericht a. D., Professor Fachhochschule Deggendorf; **Dr. Dr. Herbert Grziwotz**, Notar, Regen; **Prof. Dr. Herbert Kittl**, Dipl.-Kaufm, Steuerberater, Wirtschaftsprüfer, Rechtsbeistand, Professor Fachhochschule Deggendorf

Herausgeberbeirat

Prof. Dr. Udo Steiner, Richter des Bundesverfassungsgerichts; **Dr. Meo-Micaela Hahne**, Vorsitzende Richterin am Bundesgerichtshof; **Prof. Dr. Jan Wilhelm**, Professor Universität Passau; **Prof. Dr. Hans Paul Bisani**, Dipl.-Kaufm., Bundesbankdirektor a.D.; **Prof. Dr. Reinhard Höpfl**, Dipl.-Physiker, Eur. Ing., Präsident der Fachhochschule Deggendorf; **Karl-Heinz Dietzel**, Präsident des Landgerichts Deggendorf; **Prof. Dr. Wolfgang Reimann**, Notar, Passau.

Scherer / Friedrich / Schmieder / Koller

Wer den Schaden hat . . . Band 2
Unverzichtbares Praxiswissen zur Vermeidung der Produktfehlerhaftung
2. Auflage 2006
Deggendorf, rtw medien 2006
ISBN 3 – 937520 – 06 – 6

ISBN 3 – 937520-06-6

Druck: Druckerei Kohl, Tirschenreuth

Inhaltsverzeichnis

Wiederholung: Einführung und Überblick 1

1. Produkthaftungsfall – was nun? 1
2. Wichtige Gebrauchsanleitung und Anmerkungen zu diesem Buch 4
3. Überblick über die möglichen Folgen von Produktfehlern 6

Kapitel 6: Die Haftung des Zulieferers und des Teileherstellers 8

1. Vertragliche Sachmängelhaftung 9
2. Deliktische Produzentenhaftung gemäß § 823 I BGB 9
3. Haftung nach dem ProdHaftG 11

Kapitel 7: Die Haftung des Montageunternehmers und des Systemlieferanten 12

1. Vertragliche Sachmängelhaftung 12
2. Deliktische Produzentenhaftung gemäß § 823 I BGB 13
3. Haftung nach dem ProdHaftG 14

Kapitel 8: Die Haftung des Lizenznehmers 15

1. Vertragliche Sachmängelhaftung 16
2. Deliktische Produzentenhaftung gemäß § 823 I BGB 16
3. Haftung nach dem ProdHaftG 16

Kapitel 9: Die Haftung des Quasiherstellers 17

1. Vertragliche Sachmängelhaftung 17
2. Deliktische Produzentenhaftung gemäß § 823 I BGB 18
3. Haftung nach dem ProdHaftG 18

Kapitel 10: Die Haftung des Vertriebshändlers 19

1. Vertragliche Sachmängelhaftung 19
2. Deliktische Produzentenhaftung gemäß § 823 I BGB 19
3. Haftung nach dem ProdHaftG 23

Kapitel 11: Die Haftung des Vertragshändlers 24

1. Vertragliche Sachmängelhaftung 25
2. Deliktische Produzentenhaftung gemäß § 823 I BGB 25
3. Haftung nach dem ProdHaftG 25

Kapitel 12: Die Haftung des Importeurs 26

1. Vertragliche Sachmängelhaftung 27
2. Deliktische Produzentenhaftung gemäß § 823 I BGB 27
3. Haftung nach dem ProdHaftG 28

Kapitel 13: Qualitätssicherungsvereinbarungen 29

Kapitel 14: Der Rückruf 32

1. Rückrufpflicht nach dem GPSG 35
   - 1.1 Allgemeines zum GPSG 35
   - 1.2 Die Kernregeln des GPSG 36
   - 1.3 Gefahrenabwehrmaßnahmen der Behörden 37
   - 1.4 Speziell: Der Rückruf nach § 8 IV 2 Nr. 6 GPSG 38
2. Rückrufpflicht nach deliktischen Vorschriften 39
3. Subjektiver Anspruch auf Rückruf 40
4. Exkurs: Der US-Tread-Act 41

Kapitel 15: Die betriebliche Dokumentation 42

1. Risiken für Hersteller und Mitarbeiter 43
2. Der Begriff der Dokumentation 44
   - 2.1 Technisches Verständnis 44
   - 2.2 Juristisches Verständnis 44
3. Sinn der Dokumentation 45
4. Tipps für die Beweiserlangung 46
5. Weitere Vorteile einer umfassenden Dokumentation 47

Kapitel 16: Die strafrechtliche Haftung von Mitarbeitern in Produkthaftungsfällen ... 49

1. Einführung ... 50
2. Die wichtigsten Normen des Produktstrafrechts ... 56
3. Unterlassungs- oder Begehungsdelikt ... 57
4. Ursächlichkeit ... 58
5. Vorsatz oder Fahrlässigkeit ... 59
6. Objektive Verletzung einer Sorgfaltspflicht ... 60
7. Objektive Zurechenbarkeit des Erfolgseintritts ... 65
8. Adressaten des Produktstrafrechts ... 66
9. Verhalten gegenüber Ermittlern ... 68
   - 9.1 Pflicht zur Belehrung des Beschuldigten ... 68
   - 9.2 Aussageverweigerungsrecht des Beschuldigten ... 69
   - 9.3 Zeugnisverweigerungsrecht von Zeugen ... 70
   - 9.4 Unerlaubte Vernehmungsmethoden ... 71
   - 9.5 Verhalten bei Durchsuchungen ... 72
   - 9.6 Sonstiges ... 73

Kapitel 17: Die zivilrechtliche Haftung von Mitarbeitern in Produkthaftungsfällen ... 74

1. Vertragliche Haftung ... 74
   - 1.1 Haftung gegenüber dem Geschädigten ... 74
   - 1.2 Haftung gegenüber dem Arbeitgeber ... 75
2. Deliktische Haftung nach § 823 I BGB ... 77
3. Die Haftung von Vorständen und Geschäftsführern für Produktfehler ... 79
4. Die Haftung Leitender Angestellter für Produktfehler ... 82
5. Die Haftung von sonstigen Mitarbeitern ... 83

Kapitel 18: Risikoverringerung durch Produkthaftpflichtversicherungen 84

1. Einführung 85
2. Erfasstes Risiko 86
3. Das Schadensereignis 88
4. Der Deckungsumfang der konventionellen Produkthaftpflichtversicherung (AHB-Deckung) 89
    - 4.1 Ausschluss bei vertraglicher Risikoerhöhung 89
    - 4.2 Ausschluss von Auslandsschäden 91
    - 4.3 Ausschluss von Tätigkeitsschäden 92
    - 4.5 Ausschluss bei Nichtbeseitigung gefahrdrohender Umstände 93
5. Der Deckungsumfang der erweiterten Produkthaftpflichtversicherung (PHB-Deckung) 93
    - 5.1 Schäden an Sachen Dritter und Mangelfolgeschäden daraus 94
    - 5.2 Schäden Dritter infolge Mangelhaftigkeit von Sachen durch Verbindung, Vermischung oder Verarbeitung 95
    - 5.3 Kosten und Mindererlös Dritter für die Weiterverarbeitung eines mangelhaften Erzeugnisses 96
    - 5.4 Aufwendungen Dritter für den Ausbau mangelhafter und den Einbau mangelfreier Erzeugnisse 97
    - 5.5 Schäden an Sachen Dritter durch mangelhafte Maschinen 100
6. Rückrufkosten 100
7. Deckungsausschlüsse 101
8. Serienschäden 102
    - 8.1 Begriff des Serienschadens 102
    - 8.2 Sinn und Zweck sowie Wirkung der Klausel 103
    - 8.3 Nachteile dieser Klausel und alternative Klausel 104

9. Abschließende Tipps und Hinweise 107
    9.1 Zusammenstellung des Versicherungsschutzes 107
    9.2 Obliegenheiten im Schadensfalle... 108

Kapitel 19: Risikoverringerung durch gesellschaftsrechtliche Gestaltungen 109

1. Entscheidungskriterien 110
2. Spezielle Möglichkeit: Die Betriebsaufspaltung 111

Kapitel 20: Grundzüge der internationalen Produkthaftung 115

1. Produkthaftung in den USA 118
    1.1 Einleitende Beispiele 118
    1.2 Internationale Zuständigkeit 120
    1.3 Örtliche Zuständigkeit 122
    1.4 Anwendbarkeit von US-Recht 122
    1.5 Die Unterschiede zwischen deutschem und US-Schadensersatz . 122
    1.6 Entscheidung über die punitive damages...................................... 123
    1.7 Rechtsgrundlage der punitive damages 124
    1.8 Berechnungskriterien.. 125
    1.9 Korrelat für punitive damages 126
    1.10 Anwälte und ihre Helfer 127
    1.11 Versicherungsschutz 128
    1.12 Zustellung ausländischer Schriftstücke.. 129
    1.13 Anerkennung und Vollstreckung von US-Urteilen...................... 130
    1.14 Fazit 130

2. Produkthaftung in der EU 131
    2.1 Internationale Zuständigkeit 131
    2.2 Örtliche Zuständigkeit 132
    2.3 Anwendbares Recht 132
    2.4 Zustellung ausländischer Schriftstücke 133
    2.5 Anerkennung und Vollstreckung ausländischer Entscheidungen 134
3. Produkthaftung außerhalb der EU 134
4. Abschluss 135

Kapitel 21: Risikomanagement im Bereich der Produktfehlerhaftung 137

1. Was bedeutet Risikomanagement für ein Unternehmen? 139
2. Ziele des Risikomanagements im Bereich der Produktfehlerhaftung 140
3. Die Implementierung des Risikomanagementsystems 141
    3.1 Die Risikolandschaft im Unternehmen 141
    3.2 Gesetzliche Grundlagen 144
    3.3 Gesetzlich verordnetes Risikomanagement? - Für welche Unternehmen besteht die Pflicht zur Implementierung eines Risikomanagementsystems? 145
    3.4 Die Vorteile eines Risikomanagementsystems 146
    3.5 Risikomanagement in der Praxis 147
4. Produkthaftungsrisikomanagement 148
    4.1 Risikoanalyse 148
    4.2 Produkthaftungsrisiken richtig managen 158

4.2.1 Preloss-Risk-Management: Organisatorische Maßnahmen im Unternehmen zur Vermeidung und Verringerung von Haftungsrisiken.. 159
    4.2.1.1 Realisierung der Verantwortung im Rahmen der Produkthaftung... 159
    4.2.1.2 Sensibilisierung, Schulung und Motivation der Mitarbeiter 160
    4.2.1.3 Vermeidung von Konstruktionsfehlern................ 161
    4.2.1.4 Vermeidung von Produktionsfehlern 162
    4.2.1.5 Vermeidung von Instruktionsfehlern 163
        4.2.1.5.1 Werbung... 163
        4.2.1.5.2 Gebrauchsanweisungen....................... 165
    4.2.1.6 Produktbeobachtung 170
    4.2.1.7 Dokumentation... 171
    4.2.1.8 Regelung der Risikoverteilung zwischen Endprodukthersteller und Zulieferer 173
    4.2.1.9 Wirtschaftliche Absicherung von Risiken im Schadensfall 174
    4.2.1.10 Sorgfältige Personalauswahl................................ 174
4.2.2 Postloss-Risk-Management 176
    4.2.2.1 Taktisch richtiges Verhalten im Produkthaftungsfall 176
    4.2.2.2 Die Möglichkeit der außergerichtlichen Einigung... 177
    4.2.2.3 Rechtsstreit vor Gericht.. 178

Kapitel 22: Psychosoziales Krisenmanagement in der Produkthaftung 181

1. Ein Mercedes bleibt nicht liegen...? 181
2. Warum Krisenmanagement? 182
   - 2.1 Auf den Eindruck kommt es an 182
   - 2.2 Treue trotz Krise 183
   - 2.3 Stärke in der Krise 183
   - 2.4 Nachhaltige Kundenbindung 184
   - 2.5 Die Kundenbeziehungen reparieren 184
   - 2.6 Und die Kosten... 184
3. Ein Paradigmenwechsel im Krisenmanagement: 185
   - 3.1 Die Krise als Chance 185
   - 3.2 ECHO –„Every Contact Has Opportunity" 185
   - 3.3 Marketing der Krise 186
4. Das „Elchtest-Krisenmanagement" 186
   - 4.1 Ein Auto kippt 186
   - 4.2 Der Wille zur Aufklärung 187
   - 4.3 Boris Becker spricht 187
   - 4.4 Den Stolz vergessen 188
   - 4.5 Der Ton macht die Musik 188
5. Aus Fehlern wird man nicht immer klug... – 189
   - 5.1 Krisenmanagement bei Audi 189
     - 5.1.1 „Nicht wir, der Kunde ist schuld" 189
     - 5.1.2 „Keine Verbindung zwischen den Toten und dem Auto" . 189
   - 5.2 Ein Handy brennt - das Beispiel Nokia 190
6. Konkrete Maßnahmen in der Produktkrise 191
   - 6.1 Ein kleiner „Krisen-Expresso" 191

6.2	Die Problemfindung		192
	6.2.1	Krisenpriorität	192
	6.2.2	Problemerkennung	193
7. Handlungsmaximen im Krisenfall			194
7.1	Teambildung		194
7.2	Transparenz der Lage		195
7.3	Problem- und Prioritätenabfrage		195
7.4	Wurden sie richtig verstanden?		195
7.5	Persönliches Auftreten		196
7.6	Suche nach Lösungen		196
7.7	Nichts Überflüssiges tun		196
7.8	Delegation		197
7.9	Zusammenfassung		197
8. Die Top-Tools im Krisenmanagement			198
8.1	Das Delegationsprinzip		198
8.2	„Auf die Galerie gehen" – Managing by wandering around		198
8.3	Wer tut was?		199
9. Krisenkommunikation			200
9.1	Gesprächsstile		201
9.2	Das Harvard Negotiations Concept		202
	9.2.1	Menschen und Probleme getrennt voneinander behandeln	202
	9.2.2	Auf Interessen/Ziele konzentrieren, nicht auf Positionen	203
	9.2.3	Entwickeln sie Optionen	203
	9.2.4	Verwenden sie neutrale/objektive Beurteilungskriterien	204
9.3	Sieben krisenkommunikatorische Grundsätze		204
10. «...et respice finem» - Bedenke das Ende			205

Stichwortverzeichnis 206

Wiederholung: Einführung und Überblick

1. Produkthaftungsfall – was nun?

Bereits aus Band 1 bekannt:

An einem Montag Morgen sucht Dipl.-Ing. **Elias Eberl**, Leiter der Abteilung Forschung und Entwicklung, **Günther Groß** in seinem Büro auf.

Einleitungsbeispiel

Günther Groß ist Geschäftsführer der **Waldmann GmbH**.

Die Waldmann GmbH ist ein mittelständisches Unternehmen mit etwa 30 Mio. EUR Jahresumsatz und beschäftigt 75 Mitarbeiter. Die GmbH stellt **Geräte für den Gastronomie- und Hotelbereich** her und **verkauft** diese an Hoteliers und Hotelketten, an **Groß- und Einzelhändler** aber auch an **private Endverbraucher**.

Elias Eberl teilt dem Geschäftsführer folgenden Sachverhalt mit:

Bei einer internen Qualitätskontrolle habe man einen **Konstruktionsfehler an einem Toaster entdeckt**, welcher sowohl an Unternehmer als auch an Privatleute verkauft werde.

Bei Inbetriebnahme des Toasters könne es zu einem **Kurzschluss** im Gerät kommen. Im Extremfall mag es sogar zu einem Brand kommen, bei dem auch **Menschenleben in Gefahr** geraten können.

Konkrete **Schadensfälle** seien bislang aber nicht bekannt.

Wer den Schaden hat ...

„Trauriger Rückruf

Ein Rückruf bei Porsche? Nein, das hätte niemand dieser edlen Sportwagenschmiede zugetraut. Im Normalfall betrifft es gewöhnliche Hersteller wie VW oder Opel (...). Die stolzen Preise, die die Stuttgarter für ihre Produkte verlangen, schließen per se aus, dass es zu einem Rückruf kommt. Aber nun werden die Erwartungen der treuesten Porsche-Anhänger jäh enttäuscht, am Wochenende mussten die Stuttgarter tatsächlich ihre Produkte zurückrufen. (...) Wirkt sich die Expansion des Unternehmens jetzt negativ auf die Qualität aus?"

(Handelsblatt vom 16.10.2000)

„Rückrufe gehören zum Alltag

Darauf hätte man wetten können, denn es musste ja so kommen, wie es kam: Opel und VW, die Stückzahlgiganten, müssen zusammen 4,2 Millionen Autos in die Werkstätten bestellen, weil nachgebessert werden muss, was in der Serienfertigung unterblieben ist. (...) Brennt mein Astra beim nächsten Tanken? (...) Wie giftig ist das Kühlmittel in meinem Golf, wenn es ausläuft? (...)"

(LENKRAD 3/1995)

„Rollende PR-Katastrophen

Es ist eine der größten Rückrufaktionen der Geschichte – und sie scheint sich zu einem Desaster in der öffentlichen Darstellung auszuweiten. (...) In solchen Fällen klingelt bei Krisenberatern das Telefon. (...)"

(Handelsblatt vom 14.08.2000)

„Geld-Meister

Großzügige Schadensersatz-Urteile verunsichern in den USA die Autohersteller: Nach einem Milliarden-Urteil gegen General Motors erwarten Experten eine härtere Gangart. (...) Der Tag der größten juristischen Niederlage trägt in der Chronik von GM einen unschmeichelhaften Namen: Black Friday. (...)"

(auto motor sport 19/1999)

„Warnung vor gefährlichen Spannungsprüfern

Bei Einsatz an Netzspannung besteht Lebensgefahr. (...) Beim Einsatz dieser Kleinspannungsprüfer an der im Hause üblichen Netzspannung liegen an der Berührungselektrode im Griffteil 230 Volt an. (...)"

(Hessisches Sozialministerium, 10.05.1999)

Diese und andere Berichte aus den Medien gehen Günther Groß sofort durch den Kopf und er gerät in Panik.

Auf solche Krisensituationen sind er und sein Unternehmen nicht vorbereitet:

- Kann das Unternehmen in Anspruch genommen werden und welche Rechte haben etwaige Geschädigte, wenn es zu einem Unfall und Schaden durch die Inbetriebnahme des Gerätes kommt?
- Wie kann er sein Unternehmen vor Ansprüchen schützen?
- Soll er eine Rückrufaktion einleiten?

Folgen eines Produkthaftungsfalles?

- Wer trägt dafür die Kosten?

- Besteht ein ausreichender Versicherungsschutz?
- Droht ihm und seinen Mitarbeitern eine persönliche finanzielle Haftung?
- Droht ihnen sogar eine strafrechtliche Verfolgung?
- Ist die Existenz des Unternehmens gefährdet?
- Hat sich die Rechtslage seit der Schuldrechtsmodernisierung zu seinen Lasten verschärft?
- Was passiert, wenn einer der Schäden in den USA oder Kanada auftritt?
- Drohen die gefürchtet hohen Verurteilungen?
- Wie soll er sich jetzt verhalten?

2. Wichtige Gebrauchsanleitung und Anmerkungen zu diesem Buch

1. **Juristen sind ...**

These 1:
> ... Bedenkenträger, Spielverderber und Bremser!

2. **Ein Unternehmen braucht...**

These 2:
> ... keine Juristen,
> auftretende Probleme werden über Kulanz gelöst!

3. **Allgemeine Geschäftsbedingungen und sonstige Verträge ...**

These 3:
> ... sind nicht so wichtig,
> in der Praxis wird ohnehin alles am Telefon gelöst!

Diese Thesen sind zum Teil berechtigt:
Juristen sind tatsächlich Bedenkenträger und solange die Geschäftsbeziehung funktioniert, sind Verträge, Allgemeine Geschäftsbedingungen und juristische Handlungsweisen nicht weiter wichtig. Probleme können über Kulanz gelöst werden, was gerichtliche Streitigkeiten und damit verbundene Kosten und Zeitverlust sowie persönlichen Stress und Ärger vermeidet.

Aber:
Steht bei einem der Beteiligten allerdings die Existenz auf dem Spiel (handelt es sich also nicht um „Peanuts", sondern um hohe Summen), ist die persönliche Haftung in finanzieller und strafrechtlicher Hinsicht zu diskutieren oder geht es einer der Parteien nur noch „ums Prinzip", ist Kulanz kein Ausweg.

Und:
Es kann durchaus sein, dass der Unternehmer seine Allgemeinen Geschäftsbedingungen nur einmal in zehn Jahren benötigt – dann aber können sie für sein Unternehmen bei enormen Schadensersatzforderungen (etwa bei Serienfehlern!) überlebenswichtig sein.

Darüber hinaus:
Auch wenn **Verträge und Allgemeine Geschäftsbedingungen** nicht gerichtlich durchgesetzt werden sollen, **können** sie doch die **außergerichtliche Verhandlungsposition erheblich stärken** – wie die Erfahrung zeigt, wurden viele Streitigkeiten bereits im Vorfeld durch Hinweis auf die eigenen, wirksamen Klauseln vermieden.

Gibt der Unternehmer in dieser „starken Verhandlungsposition" nach, zeigt sich dies dem Vertragspartner als kulantes Vorgehen – auch dadurch lassen sich Geschäftsbeziehungen pflegen und stärken.

Dieses Buch gibt an vielen Stellen **wichtige Tipps.**
Selbstverständlich sind wir nicht so naiv und blauäugig, zu glauben, dass alle Tipps in jeder Situation immer gänzlich durchzusetzen sind. Die wirksame Vereinbarung ausschließlich der eigenen Allgemeinen Geschäftsbedingungen etwa **hängt** sehr stark **von der** eigenen **wirtschaftlichen Machtposition** in Verhandlungen **ab**.

Praxistipps

Dieses Buch dient aber in solchen Situationen zur **Sensibilisierung**: Das **Risikobewusstsein** muss gefördert werden, um zu wissen, an welchen Stellen nachzuverhandeln ist, um existenzbedrohende Gefahren abzuwenden.

Beispiele

Wer die oben gestellten Fragen ohne weiteres beantworten kann, ist für den Produkthaftungsfall bestens gerüstet.

Wer allerdings bei der Beantwortung der einen oder anderen Frage zögert, dem steht dieses Buch als konkretes Hilfsmittel zur Verfügung.

3. Überblick über die möglichen Folgen von Produktfehlern

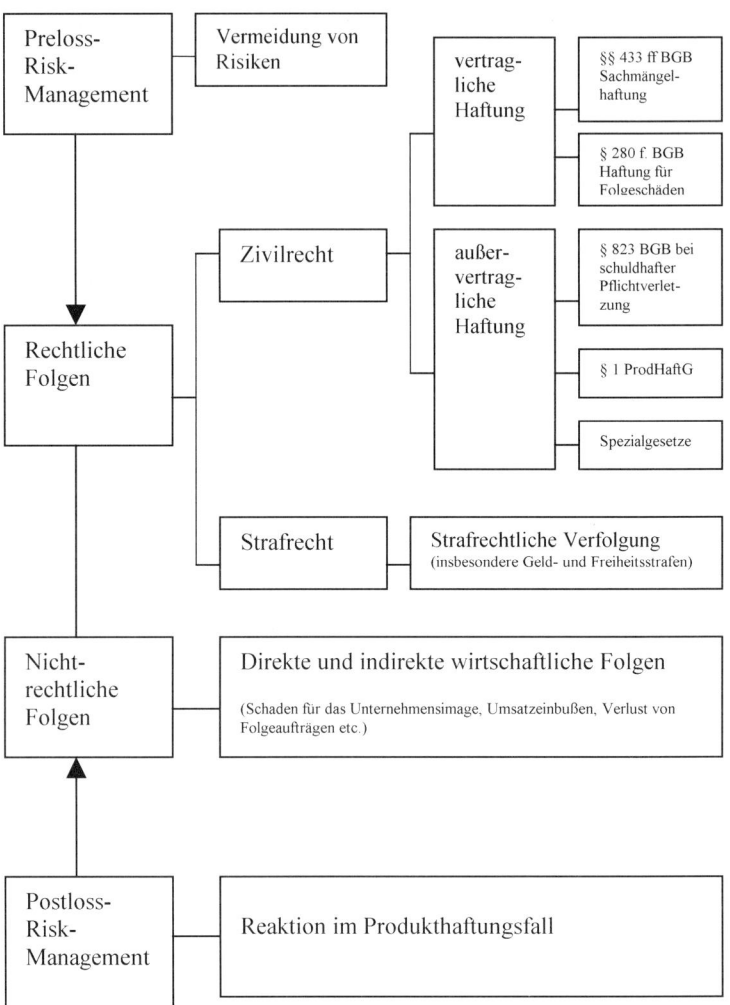

Das so genannte **Preloss-Risk-Management** will die Entstehung von Fehlern bereits im Vorfeld vermeiden (präventive Kontrolle). Sollte es zu Produkthaftungsfällen kommen, ist die Stunde für ein optimales **Postloss-Risk-Management** gekommen: Nun gilt es, die negativen Folgen möglichst gering zu halten (Reaktion bei Krisen).

Preloss-Risk-

Postloss-Risk-

Bei Produktfehlern sind **rechtliche und nichtrechtliche Folgen** zu unterscheiden:

Außerhalb des rechtlichen Bereichs können Produktfehler direkte und indirekte wirtschaftliche Folgen zeitigen. Zu nennen sind insbesondere *Imageschäden* sowie *Umsatz- und Gewinneinbußen*, bei Aktiengesellschaften *Kursrutsche*.

Im rechtlichen Bereich kann es zu einer zivilrechtlichen und einer strafrechtlichen Haftung kommen.

In **Band 1** wurden bereits folgende Themen behandelt:

- Die vertragliche Sachmängelhaftung (Kapitel 2)
- Die deliktische Produzentenhaftung aus § 823 I BGB (Kapitel 3)
- Die Produkthaftung nach dem ProdHaftG (Kapitel 4)
- Risikoverringerung durch Haftungsbeschränkung (Kapitel 5)

Nunmehr geht es um die Vertiefung der Erkenntnisse und die Behandlung praktisch wichtiger Spezialgebiete.

Kapitel 6: Die Haftung des Zulieferers und des Teileherstellers

Weiterführende Literatur:

Literatur

Bamberger/ Roth/ *Spindler*, BGB, Kommentar, 1. Auflage, Verlag C.H. Beck, München 2003, § 823, Rn. 530 ff; *Bremenkamp-Buyten*, Deliktische Haftung des Zulieferers für Produktionsschäden?, VersR, Zeitschrift für Versicherungsrecht, Haftungs- und Schadensrecht, Verlag Versicherungswirtschaft, Karlsruhe 1998, 1064 ff; *Däubler*, BGB kompakt - die systematische Darstellung des Zivilrechts, 2. Auflage, Dt. Taschenbuch Verlag, München 2003, Kapitel 29, Rn. 26; *Fuchs*, Produzentenhaftung und Produkthaftung, JZ, Juristen Zeitung 1994, 533 (536); Garthe/ Pfister/ *Kullmann*, Handbuch Produzentenhaftung, Verlag Schmidt, Berlin, Losebl. Ausgabe, Nr. 3250, S. 4 ff; *Gsell*, Substanzverletzung und Herstellung, Mohr-Siebeck, Tübingen 2003, 179; *Koch*, Ratgeber zur Produkthaftung, 2. Auflage, WRS-Verlag, München 1990, 9.2.3, Rn. 155 ff, 378 ff; *Hägele*, Produkthaftung- eine Gefahr für jeden Betrieb, 2. Auflage, Taylorix-Verlag, Stuttgart 1990, S. 28; *Kullmann*, Produkthaftungsgesetz, Kommentar, 4. neu bearbeitete Auflage, Schmidt, Berlin 2004, S. 63 ff; Münchner Kommentar/ *Mertens*, Bürgerliches Gesetzbuch, Band 5, 3. Auflage, Verlag C.H. Beck, München 1997, § 823, Rn. 278; *Schreiber*, Produkthaftung bei arbeitsteiliger Produktion: Prüfungs- und Hinweispflichten von Endherstellern und Zulieferern, Verlag Versicherungswirtschaft, Karlsruhe 1990; Soergel/ *Zeuner*, Bürgerliches Gesetzbuch, Band 5/ 2, 12. Auflage, Kohlhammer, Stuttgart-Berlin-Köln-Mainz 1999, § 823, Rn. 181; Staudinger/ *Hager*, J. v. Staudingers Kommentar zum Bürgerlichen Gesetzbuch, Zweites Buch, 13. Auflage, Schweitzer u.a., Berlin 1999, § 823, Rn. 28; *Thom*, Internationale Produkthaftung des Zulieferers, IPRax, Gieseking Verlag, Bielefeld 2001, 561 ff; *Tiedtke*, Produkthaftung des Herstellers und Zulieferers für Schäden an den Endprodukten seit dem 1. Juli 1990, NJW, Neue Juristische Wochenschrift, 1990, 2961 ff.

Zulieferer und Teilehersteller produzieren nicht das gesamte Endprodukt, sondern Einzelteile, welche für die Herstellung des Endprodukts benötigt werden.

Beispiele

Beispiele: Dichtungsteile in der Automobilproduktion, Kabel für einen Toaster, Festplatten für einen PC etc.

1. Vertragliche Sachmängelhaftung

Zulieferer und Teilehersteller haften gegenüber ihren Abnehmern (etwa den Endproduktherstellern) auf Grundlage der jeweiligen Kaufverträge. Besonderheiten gibt es dabei keine.

2. Deliktische Produzentenhaftung gemäß § 823 I BGB

Maßstab für deren Haftung ist stets die Feststellung von Pflichtverletzung und Verschulden. Dazu ein Fall aus der Rechtsprechung des *OLG Köln*.

Pflichtverletzung und Verschulden

Beispiel:[1] Ein Unternehmen verwendete für seine Bandstraßenanlage Elektromotoren. Für diese Motoren kaufte es bei einem Teilehersteller Zubehörteile (Kohlebürsten). Für diese Kohlebürsten wiederum bestellte der Teilehersteller bei einem Zulieferer Material, welches nicht der vereinbarten Qualität entsprach und zu einem abnorm schnellen Verschleiß führte, der einen Kurzschluss der Motoren der Bandanlage verursachte.

Beispiel

Urteil: Die Klage des geschädigten Unternehmens gegen den Teilehersteller wurde abgewiesen, es konnte keine Verletzung der Prüfpflicht des Teileherstellers festgestellt werden.

Gründe: Das OLG führte aus, dass einen Teileproduzenten grundsätzlich sehr wohl Prüfpflichten treffen. Er darf keine Teile verwenden, von deren Mangelfreiheit er nicht überzeugt ist. **Daher muss er entweder die Verlässlichkeit seines Lieferanten oder die Güte des Materials prüfen.** Im vorliegenden Fall bezog der Teilehersteller das Material bei einem langjährigen und bislang zuverlässigen Geschäftspartner; er bestellte auch das richtige Material, es wurde nur falsches geliefert. Schon aus diesem Grund entfiel nach dem Urteil des OLG eine Prüfpflicht: der Teilehersteller durfte von der Verlässlichkeit seines Lieferanten überzeugt sein.

---

[1] BGH NJW-RR 1990, 414 ff.

Hinweis

Hinweis: Es ist nicht auszuschließen, dass andere zu Lasten des Teileherstellers geurteilt hätten. Auch sind Begriffe wie „langjährige Zuverlässigkeit" nicht exakt definiert. Daher sollte der Teilehersteller seine Zulieferer trotzdem weiterhin überprüfen; ebenso sollte er die zugelieferten Teile prüfen.

Tipps:

Praxistipp

- Der Teilehersteller muss seinen Prüfpflichten in jedem Fall nachkommen: Prüfung der Verlässlichkeit des Lieferanten und der Qualität der Produkte.

- Sofern diese Prüfpflicht nicht schon deshalb entfällt, weil der Lieferant (nachweislich!) verlässlich ist, muss eine eigene Qualitätssicherung bei der Wareneingangskontrolle, spätestens aber vor der Produktion vorgenommen werden.

- Sinnvoll sind der Abschluss von Qualitätssicherungsvereinbarungen sowie regelmäßige Audits.[2]

- Auch an eine Vereinbarung über die Haftungsverteilung sollte gedacht werden.

- Der Nachweis dieser Punkte ist durch eine ordnungsgemäße Dokumentation sicherzustellen.

Haftung von Teilehersteller und Hersteller des Endprodukts

Bei Fehlerhaftigkeit des Teilprodukts besteht ggf. eine **gesamtschuldnerische Haftung (§ 840 BGB) von Teilehersteller und Hersteller des Endprodukts**, falls der Fehler des Teilprodukts auch für den Endprodukthersteller ohne weiteres erkennbar war.

Ansonsten trifft den Teilehersteller eine alleinige Einstandspflicht, insbesondere wenn gelieferte Einzelteile nach eigenen Plänen konstruiert und gefertigt[3] und diese vom Endhersteller als **„Blackbox"** bezogen werden (anders als nach ProdHaftG). Der Endprodukthersteller genügt in diesen speziellen Fällen seinen Verkehrssicherungspflichten, wenn er die Funktionsfähigkeit des Zulieferteils testet und Stichproben durchführt.

Fertigt der Teilehersteller das Produkt ausschließlich nach Vorgaben und Zeichnungen des Endherstellers, so trifft die gesamte

---

[2] Vgl. hierzu Kapitel 13.
[3] BGH LM, § 831 (Fe) Nr. 10.

Einstandspflicht den Endprodukthersteller, wenn der Fehler des Produkts aufgrund unkorrekter Vorgaben des Endproduktherstellers entstand[4] und der Teilehersteller dies nicht erkennen konnte. Ebenso liegt es, falls ein mangelfreies Zulieferteil erst durch Maßnahmen des Endherstellers am Endprodukt fehlerhaft wird.

Vorgaben / Zeichnungen

3. Haftung nach dem ProdHaftG

Der **Teilehersteller** gilt als Hersteller im Sinne der ProdHaftG, haftet aber nur für den Schaden, der durch Fehler an seinem fehlerhaften Teilprodukt oder durch seinen fehlerhaften Grundstoff verursacht wurde.[5]

Teilehersteller

Das Gesetz selbst schließt die Verantwortlichkeit des Teileherstellers für Konstruktionsfehler des Endprodukts ausdrücklich aus, § 1 III 1 ProdHaftG. Der Geschädigte hat ein Wahlrecht, entweder den Teile- oder den Endhersteller oder beide **gesamtschuldnerisch** in Anspruch zu nehmen (§ 5 ProdHaftG).[6]

Konstruktionsfehler des Endprodukts

Beispiel: Die Verbraucherin Emma Eichhörnchen wird durch ein Produkt des Herstellers Hase geschädigt, der vom Zulieferer Zobel mit einem Zubehörteil beliefert wurde. Das Zubehörteil war fehlerhaft, was Hase hätte erkennen müssen.

Lösung: Emma Eichhörnchen kann sowohl Hase als auch Zobel in Anspruch nehmen. Sollte beispielsweise Hase insolvent sein, kann Emma Eichhörnchen den Zobel auch auf den vollen Schaden in Anspruch nehmen. Zobel müsste dann im Innenverhältnis von Hase Ersatz verlangen, was aufgrund der Insolvenz nur noch bedingt erfolgreich sein wird: Erfahrungsgemäß beträgt die Durchschnittsquote für nicht abgesicherte Gläubiger nur etwa 4 % ihrer Forderungen.

Beispiel

---

[4] BGHZ 67, 359.
[5] Palandt/ *Thomas*, Bürgerliches Gesetzbuch, 62. Auflage, Verlag C. H. Beck, München, 2003, ProdHaftG 4, Rn. 4.
[6] Der Ausgleich im Innenverhältnis erfolgt nach §§ 840, 426 BGB, sofern nicht vertragliche Regelungen über den Ausgleich, z.B. in Einkaufsbedingungen oder Qualitätssicherungsvereinbarungen, bestehen.

Kapitel 7: Die Haftung des Montageunternehmers und des Systemlieferanten

Weiterführende Literatur:

Literatur

Bamberger/ Roth/ *Spindler*, BGB, Kommentar, 1. Auflage, Verlag C.H. Beck, München 2003, § 823, Rn. 541; Garthe/ Pfister/ *Kullmann,* Handbuch Produzentenhaftung, Verlag Schmidt, Berlin, Losebl. Ausgabe, Nr. 1520, S. 73 f.; Münchner Kommentar/ *Mertens*, Bürgerliches Gesetzbuch, Band 5, 3. Auflage, Verlag C.H. Beck, München 1997, § 823, Rn. 278; *Schlutz*, Haftungstatbestände des Produkthaftungsrechts- Die Haftung des Herstellers fehlerhafter Produkte: Gewährleistung und deliktische Haftung, DStR 1994, 707 ff; Soergel/ *Zeuner,* Bürgerliches Gesetzbuch, Band 5/ 2, 12. Auflage, Kohlhammer, Stuttgart-Berlin-Köln-Mainz 1999, § 823, Rn. 183; Westphalen / Barendrecht/ Aspelin/ *Foerste*, Produkthaftungshandbuch, Verlag C. H. Beck, München 1997, § 25, Rn. 79.

Montageunternehmer (Assembler)

Montageunternehmer (Assembler) montieren fremdproduzierte Teile nach fremden Plänen für einen Dritten zu einem Endprodukt.

Systemlieferanten

Systemlieferanten sind Unternehmen, die dem Hersteller des Endprodukts ganze Baugruppen **(Module)** fertig montiert zuliefern, so dass der Endhersteller diese nur noch in das Endprodukt einbauen muss.

1. Vertragliche Sachmängelhaftung

Haftung des Montageunternehmers

Auch der **Montageunternehmer** haftet gegenüber seinem unmittelbaren Vertragspartner ebenfalls für die Sachmangelhaftigkeit seiner Produkte. Allerdings liegt hier anstelle eine Kaufvertrages **meist ein Werkvertrag** vor, so dass sich die Sachmängelhaftung nach den – durch das **Schuldrechtsmodernisierungsgesetz von 2002** ebenfalls geänderten – §§ 634 ff BGB richtet.

2. Die deliktische Produzentenhaftung gemäß § 823 I BGB

Montageunternehmen (Assembler) haften nicht für Konstruktions- oder Fabrikationsfehler der zugelieferten Einzelteile. Sie sind auch nicht zur Prüfung der Konstruktion der Einzelteile verpflichtet.[7]

Prüfpflicht

Eine Haftung kommt jedoch in Betracht, falls die Fehlerhaftigkeit beim Zusammenbau erkennbar war. Ansonsten trifft den Montageunternehmer eine Haftung lediglich für Montage- und Verarbeitungsfehler sowie für die sorgfältige Auswahl der Zulieferer.

Erkennbarkeit der Fehlerhaftigkeit

Der **Systemlieferant entwickelt** auf der Grundlage der vom Endhersteller definierten Anforderungen (Lastenheft) das gewünschte Modul, **wählt Sublieferanten** für Teile **aus**, die er nicht selbst erstellt und **montiert** die fertige Endgruppe. Es besteht dann eine Verantwortlichkeit des Modulherstellers für die Fehlerfreiheit der Baugruppe, da der Endhersteller in der Regel keine Möglichkeit hat, die Funktionsfähigkeit des Moduls zu testen, da meist Zulieferung **„just in time"** erfolgt.[8] Es besteht somit eine ähnliche Haftung des Systemlieferanten wie bei einem „Blackbox"-Teilelieferanten.

Lastenheft

„just in time"

Zum Ganzen nun ein Fall aus der Rechtsprechung des *BGH*:[9]

Fall: Eine Freizeitsportlerin begehrt Schadensersatz wegen eines Unfalls mit einem Sportgerät. Das beklagte Montageunternehmen fertigte im Auftrag des Herstellers nur die Kunststoffgriffe des Sportgeräts. Konstruktion und Verpackung des Sportgeräts übernahm der Hersteller selbst. Ein vom Montageunternehmen hergestellter Griff war bei der Benutzung abgebrochen und hatte die Sportlerin verletzt. Die Ursache für den Bruch waren mangelhafte Konstruktionspläne des Herstellers.

Beispiel

---

[7] Münchener Kommentar/ *Mertens*, Bürgerliches Gesetzbuch, Band 5, 3. Auflage, Verlag C. H. Beck, München 1997, § 823 - Rn. 278.
[8] Münchener Kommentar/ *Mertens*, Bürgerliches Gesetzbuch, Band 5, 3. Auflage, Verlag C. H. Beck, München 1997, § 823 - Rn. 278.
[9] BGH NJW-RR 1990, 406 ff.

Urteil:	Das Montageunternehmen wurde nicht wegen eines Fabrikations- und Konstruktionsfehlers verurteilt.
Gründe:	Der *BGH* ging davon aus, dass grundsätzlich auch der Montageunternehmer für die Produktsicherheit verantwortlich ist. Zwar hat bei der so genannten horizontalen Arbeitsteilung grundsätzlich der Besteller die Bestimmungsgewalt über die Konstruktion und die Materialien. Doch trifft auch den **Auftragsfertiger** die Verantwortung für Konstruktionsfehler, sofern sie für ihn erkennbar sind oder sofern sie Fabrikationsfehler begünstigen. Im vorliegenden Fall sah der BGH aber keinen Anhaltspunkt für eine derartige Erkennbarkeit des Konstruktionsfehlers.

Erkennbarkeit des Konstruktionsmangels

Entscheidend für eine Verantwortlichkeit ist nicht die Kenntnis an sich, sondern bereits die **Erkennbarkeit** des Konstruktionsmangels für den Montageunternehmer. Bereits dann muss er zur Gefahrenabwehr beitragen.

Tipps:[10] Der Montageunternehmer muss

Praxistipp

- den Besteller über etwaige Erkenntnisse hinsichtlich Gefahrenstellen informieren,
- gemeinsam mit ihm über Abhilfemaßnahmen diskutieren und diese einleiten oder
- im Extremfall sogar die Aufhebung des Vertragsverhältnisses fordern, um sich der Mitverantwortung zu entziehen.

3. Haftung nach dem ProdHaftG

Assembler

Auch **Assembler** haften nach den allgemeinen Grundsätzen des ProdHaftG, da durch ihre Tätigkeit wiederum ein Endprodukt eigener Art entsteht.[11]

---

[10] Johannsen/ *Krieshammer*, Was der Qualitätsmanager von Recht wissen muss, Tüv Verlag, Köln 1997, S. 191.

[11] Münchener Kommentar / *Cahn*, Band 5, 3. Auflage, Verlag C. H. Beck, München 1997, ProdHaftG 4, Rn. 4.

Kapitel 8: Die Haftung des Lizenznehmers

Weiterführende Literatur:

Bamberger/ Roth/ *Spindler*, BGB, Kommentar, 1. Auflage, Verlag C.H. Beck, München 2003, § 823, Rn. 544; Westphalen/ Bandrecht / Aspelin / *Foerste*, Produkthaftungshandbuch, Band 1, Verlag C. H. Beck, München 1997, § 25, Rn. 118, 122; *Hölzlwimmer*, „Produkthaftungsrechtliche Risiken des Technologietransfers durch Lizenzverträge", Verlag C. H. Beck, München 1993, S. 86 ff; Kullmann/ Pfister/ *Kullmann*, Losebl. Ausgabe, Nr. 1520, S. 59; *Schlutz,* „Haftungstatbestände des Produkthaftungsrechts- Die Haftung des Herstellers fehlerhafter Produkte: Produkthaftungsgesetz", DStR 1994, 793 ff.

Literatur

Lizenznehmer fertigen meist geschützte Produkte, wofür sie auf Grundlage der Lizenz die Berechtigung haben. Diese Produkte verkaufen sie dann selbst weiter, der Lizenzgeber bekommt eine Lizenzgebühr dafür.

Lizenznehmer

1. Vertragliche Sachmängelhaftung

Haftung des Lizenznehmers

Verkauft der **Lizenznehmer** die hergestellten Produkte weiter, kann ihn sein unmittelbarer Vertragspartner aus der kaufvertraglichen Sachmängelhaftung in Anspruch nehmen.

2. Die deliktische Produzentenhaftung gemäß § 823 I BGB

In der Regel übernimmt der **Lizenznehmer** die **Konstruktion** ganz oder teilweise vom Lizenzgeber.

Produktions-, Instruktions- und Produktbeobachtungsfehler

Es besteht eine volle Haftung des Lizenznehmers für Produktions-, Instruktions- und Produktbeobachtungsfehler. Noch nicht abschließend geklärt ist, ob der Lizenznehmer auch für Konstruktionsfehler haftet. Jedenfalls besteht dann keine Haftung, wenn er aufgrund der Lizenz nicht selbst produziert, sondern lediglich Produkte des Lizenzgebers verwendet. Ansonsten ist eine Differenzierung danach notwendig, ob das Produkt vollständig auf der Lizenz beruht oder der Lizenznehmer einen eigenen Entwicklungsanteil im Hinblick auf das fertige Endprodukt trägt.

Selbstverständlich kommt auch dann eine Haftung des Lizenznehmers in Betracht, wenn er die Gefährlichkeit des lizenzierten Teilprodukts des Lizenzgebers hätte erkennen müssen.

3. Haftung nach dem ProdHaftG

Haftung nach dem ProdHaftG

Lizenznehmer haften uneingeschränkt (und weiter als nach deliktischer Produzentenhaftung), da unerheblich ist, ob der Konstruktionsfehler durch den Lizenzgeber verursacht wurde.[12] Möglicherweise vom Lizenzgeber zu vertretende Konstruktionsfehler sind ausschließlich über den Regress im Innenverhältnis abzuwickeln.

---

[12] Münchener Kommentar / *Cahn*, Band 5, 3. Auflage, Verlag C. H. Beck, München 1997, ProdHaftG 4, Rn. 2.

Kapitel 9: Die Haftung des Quasiherstellers

Weiterführende Literatur:

Bamberger/ Roth/ *Spindler*, BGB, Kommentar, 1. Auflage, Verlag C. H. Beck, München 2003, § 823, Rn. 537; *Deutsch/ Ahrens*, „Deliktsrecht", 4. Auflage, Heymanns, 2002, § 18, Rn. 280; Westphalen/ Bandrecht / Aspelin / *Foerste*, Produkthaftungshandbuch, Band 1, Verlag C. H. Beck, München 1997; *Fuchs*, „Deliktsrecht", 3. Auflage, Springer Verlag, Heidelberg 2001, S. 243; *Gsell*, „Substanzverletzung und Herstellung", Mohr Siebeck, Tübingen 2003, S. 206; *Koch*, „Ratgeber zur Produkthaftung", 2. Auflage, WRS-Verlag, München 1990, 9.1.2, Rn. 141 f.; *Kötz/ Wagner*, „Deliktsrecht", 9. Auflage, Luchterhand Verlag, München 2001 Rn. 468; *Kullmann*, „Produkthaftungsrecht- höchstrichterliche Rechtsprechung", 5. Auflage, RWS-Verlag, München 2002, Rn. 192, 477; *Kullmann*, „Produkthaftungsgesetz. Kommentar", 4. neubearbeitete Auflage, Schmidt, Berlin 2004; Münchener Kommentar / *Mertens*, Bürgerliches Gesetzbuch, band 5, 3. Auflage, Verlag C. H. Beck, München 1997, § 823, Rn. 279; Palandt / *Thomas*, Bürgerliches Gesetzbuch, 62. Auflage, Verlag C. H. Beck, München 2003, § 4 ProdHaftG, Rn. 6; *Schmidt- Salzer,* Produkthaftung- Band III/ 1, Recht u W Verlag, Heidelberg 1990, Rn. 4.390; *Scholl/ Leitzinger*, „Groß und renommiert" als Rechtsbegriff? Zur Untersuchungspflicht von Händler, Importeur und Quasihersteller", MDR 1981, 718 ff.

Literatur

Ein **Quasihersteller** produziert das Produkt nicht selbst, sondern bezieht es von einem – meist nur ihm bekannten – No-Name-Hersteller, um es dann selbst im eigenen Namen und meist unter Verwendung der eigenen Marke weiterzuverkaufen.

Quasihersteller

1. Vertragliche Sachmängelhaftung

Seinem unmittelbaren Vertragspartner gegenüber haftet der **Quasihersteller** aufgrund der kaufvertraglichen Sachmängelhaftung – ob er nun selbst Produzent war oder nicht, spielt keinerlei Rolle.

2. Deliktische Produzentenhaftung gemäß § 823 I BGB

Waren-zeichen/ Marke

Das Anbringen des Warenzeichens oder der Marke ist nicht gleichbedeutend mit einer Verletzung einer Verkehrssicherungspflicht; der **Quasihersteller** haftet demzufolge grundsätzlich wie ein Vertriebshändler, also nur sehr eingeschränkt (vgl. unten Kapitel 10).[13]

Eine Haftung kommt nur dann in Betracht, falls er die Fehlerhaftigkeit des Produkts erkennen kann und es trotzdem in Verkehr bringt (anders nach Produkthaftungsgesetz).

3. Haftung nach dem ProdHaftG

Gemäß § 4 I 2 ProdHaftG haftet ein **Quasi-Hersteller** wie jeder andere Hersteller auch. Es gibt keine Erleichterungen für ihn.

---

[13] Westphalen/ Bandrecht / Aspelin / *Foerste*, Produkthaftungshandbuch, Band 1, Verlag C. H. Beck, München 1997, § 26, Rn. 47 ff.

Kapitel 10: Die Haftung des Vertriebshändlers

Weiterführende Literatur:

Bamberger/ Roth/ *Spindler*, BGB, Kommentar, 1. Auflage, Verlag C. H. Beck, München 2003, § 823, Rn. 537; *Deutsch/ Ahrens*, „Deliktsrecht", 4. Auflage, Heymanns, 2002, § 18, Rn. 280; Westphalen/ Bandrecht / *Foerste*, Produkthaftungshandbuch, Band 1, Verlag C. H. Beck, München 1997; *Fuchs,* „Deliktsrecht", 3. Auflage, Springer Verlag, Heidelberg 2001, S. 243; *Gsell,* „Substanzverletzung und Herstellung", Mohr Siebeck, Tübingen 2003, S. 206; *Koch,* „Ratgeber zur Produkthaftung", 2. Auflage, WRS-Verlag, München 1990, 9.1.2, Rn. 141 f.; *Kötz/ Wagner,* „Deliktsrecht", 9. Auflage, Luchterhand Verlag, München 2001 Rn. 468; *Kullmann,* „Produkthaftungsrecht- höchstrichterliche Rechtsprechung", 5. Auflage, RWS-Verlag, München 2002, Rn. 192, 477; *Kullmann,* „Produkthaftungsgesetz. Kommentar", 4. neubearbeitete Auflage, Schmidt, Berlin 2004.

Literatur

Vertriebshändler sind alle Unternehmer, welche das Produkt nicht selbst erstellen, sondern dieses nur verkaufen, *ohne* gleichzeitig Vertragshändler des Herstellers zu sein.

Vertriebshändler

1. Vertragliche Sachmängelhaftung

Der **Vertriebshändler** haftet gegenüber seinem Vertragspartner, dem Käufer, aus der kaufvertraglichen Sachmängelhaftung. Es ergeben sich dabei keine Besonderheiten.

2. Deliktische Produzentenhaftung gemäß § 823 I BGB

Der **Vertriebshändler** übernimmt den Weiterverkauf der Produkte des Herstellers auf eigene Rechnung. Den Status als Vertriebshändler verliert er dann, wenn er selbst die **Weiterverarbeitung** des hergestellten Produkts übernimmt; dazu ein Bespiel aus der Rechtsprechung des *BGH*:

Weiterverarbeitung

Beispiel

Beispiel:[14] Das beklagte Unternehmen vertrieb medizinisch-chirurgische Artikel. Die **Muttergesellschaft der Vertriebshändlerin** stellt Katheterschläuche her, die von der Vertriebshändlerin gekauft, sterilisiert und verpackt werden und anschließend im eigenen Namen weiterverkauft werden.

Aufgrund der Fehlerhaftigkeit der gelieferten Schläuche brach ein Katheter ab, nachdem er einer Patientin eingeführt wurde, und musste in einer zweieinhalbstündigen Operation entfernt werden.

Urteil: Die beklagte Vertriebshändlerin wurde wegen eines Material- und Produktionsfehlers verurteilt.

Gründe: Zwar haftet ein Vertriebshändler grundsätzlich nur in seinem Verantwortungsbereich für Produktionsfehler. Hier wurde die Produzentenhaftung aber dadurch übernommen, dass **durch die Weiterverarbeitung die Händler-Qualifikation entfiel und Herstellerpflichten übernommen** wurden.

Übernimmt der **Händler** durch Weiterverarbeitung Elemente, die in der Regel dem Hersteller obliegen, wird er selbst zum Hersteller und muss alle daraus resultierenden Pflichten erfüllen. Er ist also **vollständig verantwortlich** für Entwicklungs-, Fabrikations-, Instruktions- und Produktbeobachtungsfehler.

Beispiel

Beispiel: Ein Motorrad-Händler nimmt selbständig Umbauten von Motorrädern eines Herstellers vor und verkauft diese dann an seine Kunden.

Grundsätzlich besteht also keine Haftung des Vertriebshändlers nach § 823 I BGB für Produktfehler; er haftet nur in seinem **originären Aufgabenbereich**. In diesem Bereich hat er folgenden Pflichten nachzukommen:[15]

---

[14] BGH NJW-RR 1988, 611 f..
[15] Westphalen/ Bandrecht / Aspelin / *Foerste*, Produkthaftungshandbuch, Band 1, Verlag C. H. Beck, München 1997, § 26 - Rn. 3 ff.

Verkehrssicherungspflicht 1:
Vollständige und richtige Beratung über die Produkteignung

Fall: Im so genannten *Motorsensen-Fall*[16] hatte der *Hersteller* in seiner Gebrauchsanleitung auf die Notwendigkeit des Tragens einer Schutzbrille hingewiesen. Der *Händler* trug aber bei der Präsentation der Maschine beim Kunden selbst keine Schutzbrille und wies nur darauf hin, dass der Gebrauch des Geräts nicht ungefährlich sei und dass der Käufer vor Benutzung nochmals in die Gebrauchsanweisung sehen solle. Durch ein hoch geschleudertes Drahtstück erlitt der Käufer schwere Augenverletzungen: Er trug – wie es der Händler vorgemacht hatte – ebenfalls keine Schutzbrille.

Urteil: Der Händler wurde unter Berücksichtigung des Mitverschuldens des Kunden teilweise zum Ersatz des Schadens verurteilt.

Verkehrssicherungspflichten des Vertriebshändlers

Beispiel

Verkehrssicherungspflicht 2:
Weitergabe von Herstellerhinweisen

Dies ist stets zumutbar, auch wenn den verkauften Waren die Hinweise nur lose oder gar mündlich beigefügt sind.

Verkehrssicherungspflicht 3:
Beachtung von Abgabebeschränkungen des Herstellers

Beispiel: „Nicht an Minderjährige verkaufen." „Nur für professionelle Abnehmer."

Beispiel

Verkehrssicherungspflicht 4:
Keine Abgabe an ungeeignete Personen

Beispiel: Keine Abgabe gefährlicher Waren an jugendlich-unerfahrene oder betrunkene Personen.

Beispiel

Verkehrssicherungspflicht 5:
Sachgerechte Lagerung des Produkts.

---

[16] OLG Karlsruhe, VersR 1986, 46.

Die Produktsicherheit darf sich durch die Lagerung nicht verschlechtern. Auch sind Unbefugte fernzuhalten.

Verkehrssicherungspflicht 6:
Beachtung von Haltbarkeitsdaten und Verschleiß

Mindesthaltbarkeitsdaten

Gedacht ist insbesondere an Verfalldaten; bei Mindesthaltbarkeitsdaten ist ein Verkauf nur nach eingehender Qualitätsprüfung zulässig.

Gebrauchtwarenhandel

Gerade im Bereich des Gebrauchtwarenhandels ist erhöht auf Verschleißerscheinungen zu achten.

Neben diesem originären Aufgabenbereich ist der Händler hinsichtlich Herstellungsfehler nur zu einer Sichtkontrolle verpflichtet. Nur bei Hinzutreten *besonderer Umstände* trifft ihn jedoch eine **erweiterte Haftung**; diesbezüglich lassen sich folgende Fallgruppen bilden:[17]

Zusatzpflicht 1:
Gesteigerte Verkehrserwartung

Dazu muss der Kundenkreis ausnahmsweise erwarten, dass das Produkt vom Händler persönlich nochmals überprüft wird; die Berechtigung dieser Erwartung spielt dabei eine nur untergeordnete Rolle.

Zusatzpflicht 2: Anhaltspunkte für Fehlerverdacht.

Den Händler trifft eine Untersuchungspflicht, beispielsweise bei einer **Häufung von Schadensfällen**, **Kundenreklamationen** oder bei **besonderer Sachkunde** des Händlers hinsichtlich der Produktgefährlichkeit. Gleiches gilt bei Kenntnis schlechter Arbeit oder von Organisationsmängeln beim Hersteller.

Zusatzpflicht 3:
Warnpflicht des **Alleinvertreibers**.

---

[17] Westphalen/ Bandrecht / Aspelin / *Foerste*, Produkthaftungshandbuch, Band 1, Verlag C. H. Beck, München 1997, § 26 - Rn. 19 ff.

Der BGH hat darüber hinaus demjenigen, der ein Produkt allein in Markt bringt, ohne Hersteller zu sein, die Warnpflicht vor Produktgefahren im selben Umfang auferlegt wie dem Hersteller selbst.

Zusatzpflicht 4:
Mittlerfunktion und Mitwirkungspflichten

Zusätzliche Schutzpflichten können sich für den Händler daraus ergeben, dass er eine einzigartige **Mittlerstellung zwischen Hersteller und Käufer** einnimmt: Vielfach kennt nur er den Endabnehmer oder kann ihn noch nachträglich feststellen (Rechnungen etc.). Er ist also oft das einzige Glied in der Verbrauchskette, welches den Endabnehmer noch erreichen kann.

Mittlerfunktion und Mitwirkungspflichten

Daneben bestehen noch **Mitwirkungspflichten an Warn- und Rückrufaktionen** des Herstellers; eine Initiative zum Rückruf oder gar die ganze Aktion muss jedoch nicht vom Händler ausgehen.

Mitwirkungspflichten an Warn- und Rückrufaktionen

3. Haftung nach dem ProdHaftG

Der Händler fällt grundsätzlich nicht unter das ProdHaftG, weil er kein „Hersteller" ist.

Von diesem Grundsatz gibt es nur dann eine Ausnahme, wenn der wahre Hersteller des Produkts nicht festgestellt werden kann, § 4 III 1 ProdHaftG. Hauptanwendungsfall ist der **Vertrieb von** so genannten **no-name-Produkten**, die den Hersteller nicht erkennen lassen.

no-name-Produkte

Kapitel 11: Die Haftung des Vertragshändlers

Weiterführende Literatur:

Literatur

Bamberger/ Roth/ *Spindler*, BGB, Kommentar, 1. Auflage, Verlag C. H. Beck, München 2003, § 823, Rn. 535; *Birkmann*, „Produktbeobachtungspflicht bei Kraftfahrzeugen", DAR 2000, 435 ff; *Gsell,* „Substanzverletzung und Herstellung", Mohr Siebeck, Tübingen 2003, S. 206; *Michalski,* „Produkthaftung und Rückrufpflicht des Produzenten", BB 1998, 961, 963 ff; *Kullmann,* „Produkthaftungsrecht- höchstrichterliche Rechtsprechung", 5. Auflage, RWS-Verlag, München 2002, Rn. 178, 480; *Kullmann,* „Produkthaftungsgesetz. Kommentar", 4. neubearbeitete Auflage, Schmidt, Berlin 2004; *Kullmann,* „Die Rechtsprechung des Bundesgerichtshofs zum Produkthaftpflichtrecht in den Jahren 1998 bis 2000", NJW 2000, 1912, 1915; *Rademacher,* „Produkthaftungsrisiken im Handel und Lösungsansätze", BB 1996, 2636 ff; *Schlutz,* „Haftungstatbestände des Produkthaftungsrechts- Die Haftung des Herstellers fehlerhafter Produkte: Gewährleistung und deliktische Haftung", DStR 1994, 707, 712; *Schmidt- Salzer,* Produkthaftung- Band III/ 1, Recht u W Verlag, Heidelberg 1990, Rn. 4.392; *Vogt,* „Fahrassistenzsysteme: Neue Technik- Neue Rechtsfragen?", NZV 2003, 153, 159.

Gebietsschutz und weitere Vergünstigungen

Vertragshändler verkaufen die Produkte eines Herstellerunternehmens grundsätzlich wie Vertriebshändler auch; allerdings genießen sie **meist Gebietsschutz und weitere Vergünstigungen** durch den Hersteller.

1. Vertragliche Sachmängelhaftung

Auch der **Vertragshändler** haftet gegenüber seinem unmittelbaren Vertragspartner nach der kaufvertraglichen Sachmängelhaftung.

2. Deliktische Produzentenhaftung gemäß § 823 I BGB

Den **Vertragshändler** des Herstellers treffen grundsätzlich strengere Pflichten als den einfachen Händler, da er einerseits als besonders fachkundig angesehen wird, andererseits auch durch den Kontakt mit dem Hersteller verstärkt in der Lage ist, Einfluss auf die Produktsicherheit zu nehmen.[18]

Wie stark sich die allgemeinen Händlerpflichten verstärken, ist jedoch im Einzelfall je nach Zumutbarkeit für den Händler zu bestimmen.[19]

3. Haftung nach dem ProdHaftG

Auch hier gilt nichts anderes als beim einfachen Vertriebshändler: Grundsätzlich haftet ein Händler nicht, weil er kein Hersteller ist.

---

[18] BGH NJW 1978, 2241.
[19] Westphalen/ Bandrecht / Aspelin / *Foerste*, Produkthaftungshandbuch, Band 1, Verlag C. H. Beck, München 1997, § 26 - Rn. 42.

Kapitel 12: Die Haftung des Importeurs

Weiterführende Literatur:

Literatur Bamberger/ Roth/ *Spindler*, BGB, Kommentar, 1. Auflage, Verlag C. H. Beck, München 2003, § 823, Rn. 538 ff; *Deutsch/ Ahrens*, „Deliktsrecht", 4. Auflage, Heymanns Verlag, 2002, § 18, Rn. 280; *Gsell*, „Substanzverletzung und Herstellung", Mohr Siebeck, Tübingen 2003, S. 203; *Hägele*, Produkthaftung- eine Gefahr für jeden Betrieb, 2. Auflage, 1990, S. 30; *Koch*, „Ratgeber zur Produkthaftung", 2. Auflage, WRS-Verlag, München 1990, 9.1.2, Rn. 153 f.; *Kötz/ Wagner*, „Deliktsrecht", 9. Auflage, Luchterhand Verlag, München 2001 Rn. 471; *Kropholler*, Bürgerliches Gesetzbuch, Studienkommentar 6. Auflage, Verlag C. H. Beck, München 2004, § 823, Rn. 46; *Kullmann*, „Produkthaftungsrecht- höchstrichterliche Rechtsprechung", 5. Auflage, RWS-Verlag, München 2002, Rn. 202, 479.

Importeure **Importeure** kaufen Produkte aus dem Ausland an und verkaufen diese auf eigene Rechnung weiter. Regelmäßig gibt der Importeur beim Weiterverkauf nicht vor, selbst Hersteller zu sein. Macht er dies dennoch, gelten die obigen Ausführungen zum Quasihersteller.

1. Vertragliche Sachmängelhaftung

Eine kaufvertragliche Haftung für Sachmängel trifft den **Importeur** stets nur gegenüber seinem unmittelbaren Vertragspartner.

2. Deliktische Produzentenhaftung gemäß § 823 I BGB

Der **Importeur** ist regelmäßig Vertriebshändler und wird deshalb meist **nicht** haften, zumindest nicht bei Produkten, die aus einem der sechs Ursprungsstaaten der Europäischen Union eingeführt wurden (besonders geregelt im Produkthaftungsgesetz).[20] Ihn trifft eine Privilegierung, weil ähnliche Sicherheitsstandards wie im Inland bestehen und außerdem die Rechtsverfolgung aufgrund der EUGVVO[21] in jedem Mitgliedsstaat gesichert ist.[22]

Produkten aus den sechs Ursprungsstaaten der EU

Zum Ganzen ein Beispiel aus der Rechtsprechung des OLG Zweibrücken:

Fall:[23] Eine Versicherung klagt gegen den Importeur eines in Ex-Jugoslawien hergestellten Tretlagers auf Schadensersatz. Der beklagte Importeur hatte die Tretlager einem Fahrradhersteller geliefert, welcher sie ohne weitere Kontrolle einbaute. Ein Versicherungsnehmer der Versicherung war bei einem Sturz vom Fahrrad infolge eines abbrechenden Tretlagers schwer verletzt worden.

Urteil: Das OLG wies die Klage ab.

Gründe: Dem Händler (Importeur) können nicht dieselben Sorgfaltspflichten auferlegt werden wie dem Hersteller. Er ist nur dann verpflichtet, die von ihm vertriebenen Waren auf gefahrenfreie Beschaffenheit zu untersuchen, wenn bereits Schadensfälle oder ähnliches bekannt sind.

Beispiel

---

[20] BGH NJW 1980, 1219.
[21] EuGVVO: Europäische Verordnung über die gerichtliche Zuständigkeit und die Anerkennung und Vollstreckung von Entscheidungen in Zivil- und Handelssachen.
[22] Strittig ist, ob die gleichen Grundsätze auf EFTA-Staaten oder andere Herkunftsländer anzuwenden sind.
[23] Johannsen/ *Krieshammer*, Was der Qualitätsmanager von Recht wissen muss, Tüv Verlag, Köln 1997, S. 220 ff.

Im konkreten Fall gab es dafür keine Anhaltspunkte; allein der Umstand, dass das fehlerhafte Teil aus einem Nicht-EU-Staat stammt, reicht dafür nicht aus. Dazu kam, dass sich der Importeur darauf verlassen konnte, dass sein Abnehmer, der Fahrradhersteller, ohnehin eine Wareneingangskontrolle durchführen würde.

Tipps:

- Händler und Importeure müssen Erkenntnisse über eine etwaige Fehlerhaftigkeit der verkauften Produkte sammeln und auswerten.

- Achtung: Das Urteil betrifft nicht die Produktbeobachtungspflicht an sich, sondern die vorgelagerte Frage der Prüfpflichten des Händlers / Importeurs!

§ 3 Gerätesicherheitsgesetz

Anders verhält es sich, falls der Importeur unter Verstoß gegen **§ 3 Gerätesicherheitsgesetz**[24] Produkte einführt, die den sicherheitstechnischen Anforderungen der allgemein anerkannten Regeln der Technik im Inland nicht entsprechen. Dann trifft ihn eine Haftung nach § 823 II BGB in Verbindung mit § 3 Gerätesicherheitsgesetz. Allgemein sind besonders die **§§ 1 bis 11 Gerätesicherheitsgesetz** zu beachten, um eine Haftung aus § 823 II BGB zu vermeiden.[25]

3. Haftung nach dem ProdHaftG

§ 4 II ProdHaftG

Bei Importeuren ist wie folgt zu unterscheiden, § 4 II ProdHaftG:

- Importe **aus dem EU-Wirtschaftraum** nach Deutschland begründen keine Haftung nach dem ProdHaftG.

- Importe von **außerhalb der EU** in den EU-Wirtschaftsraum begründen dagegen stets eine Haftung nach dem ProdHaftG, selbst wenn der Hersteller bekannt sein sollte.

Kapitel 13: Qualitätssicherungsvereinbarungen

---

[24] Vgl. dazu Westphalen/ Bandrecht / Aspelin / *Foerste*, Produkthaftungshandbuch, Band 1, Verlag C. H. Beck, München 1997, § 26, Rn. 61, 65.

[25] Münchener Kommentar / Mertens, Band 5, 3. Auflage, Verlag C. H. Beck, München 1997, § 823, Rn. 306.

Weiterführende Literatur:

Adams, Produkthaftung- Können Qualitätsmanagementsysteme helfen?, Leistung und Lohn-Verlag, 2000; Bamberger/ Roth/ *Spindler*, BGB, Kommentar, 1. Auflage, Verlag C. H. Beck, München 2003, § 823, Rn. 516 ff; *Bayer*, Auswirkungen eines zertifizierten Qualitätsmanagementsystems, 1998; *Ernsthaler*, „Haftungsrechtliche Bedeutung von Qualitätssicherungsvereinbarungen", NJW 1994, 817 ff; Greißinger / Bauer, Qualitätssicherungsvereinbarungen in der Wirtschaftspraxis, Recht und Wirtschaft, München 2001; *Hollmann*, „Qualitätssicherungsvereinbarungen", CR 1992, 13 ff; *Kreifels*, „Qualitätssicherungsvereinbarungen", ZIP 1990, 489 ff; *Quittnat*, „Qualitätssicherungsvereinbarungen und Produkthaftung", BB 1989, 571 ff; *Schmidt*, „Qualitätssicherungsvereinbarungen und ihr rechtlicher Rahmen", NJW 1991, 144 ff; **W**estphalen/ *Bauer*, „Just- in- time- Lieferung und Qualitätsvereinbarungen", RWS Verlag 1993.

Literatur

Sinn von Qualitätssicherungsvereinbarungen (QSV) ist es, im Sachmangelfalle die Frage beantworten zu helfen, wer von den Beteiligten welche Pflichten in Bezug auf Qualitätssicherung hat, ob diese Pflichten verletzt wurden und wie der Schaden zu verteilen ist; darüber hinaus sollen QSV helfen, Produktfehler zu vermeiden.

Qualitätssicherungsvereinbarungen (QSV)

QSV sind in aller Regel **Rahmenverträge**, Gegenstand sind meist Kauf- und Werklieferverträge;[26] QSV stellen bei mehrfacher Verwendung **Allgemeine Geschäftsbedingungen** dar und unterliegen damit der AGB-Kontrolle der §§ 305 ff BGB.

Beschaffenheitsangaben oder Warenbeschreibungen in QSV sind nach der Rechtsprechung ohne Hinzutreten besonderer Umstände **keine Garantien oder Zusicherungen**.[27] Bei der Festlegung von Qualitätsmerkmalen muss daher in den Vereinbarungen darauf geachtet werden, zwischen Warenbeschreibungen und Zusicherungen beziehungsweise Garantien zu **differenzieren**. Der Versuch, alle Warenbeschreibungen pauschal als Zusiche-

---

[26] Vgl. *Scherer/Friedrich/Schmieder/Koller*, Wer den Schaden hat..., Band 1, rtw medien Verlag, Deggendorf 2003, Kapitel 1, Ziffer 4.9.
[27] BGH NJW 1981, 222.

rungen oder Garantien darzustellen und damit die Verschuldensfrage gemäß § 276 I 1 am Ende BGB zu eigenen Gunsten zu entscheiden, verstößt gegen § 307 II Nr. 1 BGB; dies ist bei der Verwendung pauschaler Garantiebegriffe unbedingt zu beachten. Nach § 494 BGB a.F. waren bei einem **Kauf nach Probe oder nach Muster** die **Eigenschaften** der Probe oder des Musters als zugesichert anzusehen. Das neue Schuldrecht enthält keine solche Vorschrift mehr. Die **Probe** entspricht nunmehr der vereinbarten oder vorausgesetzten beziehungsweise üblicherweise zu erwartenden Beschaffenheit der Kaufsache,[28] stellt also gerade **keine zugesicherte Eigenschaft** mehr dar.

Die **QSV** muss **nicht nur abgeschlossen, sondern auch durchgeführt** werden. Die konkreten Maßnahmen der Durchführung sind dabei am besten in Anhängen anzugeben. Dabei geht es neben den Qualitätssicherungsmaßnahmen auch um die **Warenausgangskontrolle** sowie um deren **Dokumentation**.

Zur Überprüfung der ordnungsgemäßen Durchführung muss dem Besteller das Recht eingeräumt werden, so genannte **Qualitäts-Audits** durchzuführen.

Unbedingt muss auch geregelt werden, wie im Falle von **Qualitätseinbrüchen** verfahren werden soll.

Wie bereits angesprochen[29], kann die **kaufmännische Untersuchungs- und Rügeobliegenheit** allenfalls bei bestehenden Qualitätssicherungsvereinbarungen **ausgeschlossen** werden; dann muss beim Käufer aber zumindest eine Kontrolle anhand des Lieferscheins und auf erkennbare Transportschäden erfolgen.

---

[28] Palandt/ *Putzo*, Bürgerliches Gesetzbuch, 62. Auflage, Verlag C. H. Beck, München, 2003, Vorb. v. §§ 454, 455, Rn. 1.

[29] Vgl. *Scherer/Friedrich/Schmieder/Koller*, Wer den Schaden hat..., Band 1, rtw medien Verlag, Deggendorf 2003, Kapitel 5, Ziffer 1.1.2.

Auch über **Haftungsbegrenzungen** (Achtung: Kontrolle anhand der §§ 305 ff BGB möglich!) und Verpflichtungen zum Abschluss von **Haftpflichtversicherungen** sollten QSV Aussagen enthalten. Haftungsbegrenzungen sind lieferantenfreundlich. In der Regel werden daher keine Haftungsbegrenzungen dieses Ausmaßes, sondern Haftungsverteilungen vorgenommen; zu denken ist dabei insbesondere an Haftungsfreistellungs-Klauseln, Beteiligungen an Rückrufaktionen etc.

Haftungsbegrenzungen

Haftpflichtversicherungen

Tipps:

- Jegliche vertragliche Risikoerhöhungen gegenüber der gesetzlichen Haftungslage (z.B. das Zugeständnis des Verkäufers, auf § 377 HGB zu verzichten, Verjährungsfristverlängerungen) sind unbedingt mit dem Produkthaftpflichtversicherer abzustimmen.

- Ansonsten droht der Verlust des Versicherungsschutzes!

- Am besten ist es, sich derartige Risikoerhöhungen schriftlich „absegnen" zu lassen.

Praxistipp

Die **Dauer der QSV** sowie **Gerichtsstandsvereinbarungen**, bei Auslandskontakt eventuell auch **Rechtswahlklauseln** sollten aufgenommen werden.

Dauer der QSV

Kapitel 14: Der Rückruf

Weiterführende Literatur:

Literatur

Bodewig, Zivilrechtliche Probleme des Rückrufs fehlerhafter Produkte in der Automobilindustrie, DAR 1996, 341 ff; *Bodewig*, Der Rückruf fehlerhafter Produkte, Mohr Siebeck 1999; *Grote*, Der Herstellerregress beim Produktrückruf- Haftung und Versicherung, VersR 1994, 1269 ff; *Hager*, Die Kosten beim Rückruf fehlerhafter Produkte, VersR 1984, 799 ff; *Hermann*, Die Rückrufhaftung des Produzenten, BB 1985, 1801 ff; *Kaufmann*, Der Produktrückruf- Herstellermotivation und Versicherungslösungen, VersR 1999, 551 ff; *Kullmann*, Der Rückruf fehlerhafter Produkte, NJW 2000, 1248 ff; *Löwe*, Die Rückrufpflicht des Warenherstellers, DAR 1978, 288 ff; *Mayer*, Produkthaftung und Gefahrbeseitigung, DB 1985, 319 ff; *Michalski*, Produkthaftung und Rückrufpflicht des Produzenten, BB 1998, 961 ff; *Müller/ Dörre*, VersR 1999, 1333 ff; *Pieper*, Verbraucherschutz durch Pflicht zum „Rückruf" fehlerhafter Produkte?, BB 1991, 985; *Rettenbeck*, Die Rückrufpflicht in der Produkthaftung, 1994; *Schwenzer*, Rückruf- und Warnpflichten des Warenherstellers, JZ 1989, 1095 ff; *Westphalen*, Warn- oder Rückrufaktion bei nicht sicheren Produkten: §§ 8, 9 GPSG als Schutzgesetz i.S.v. § 823 II BGB- Rechtliche und versicherungsrechtliche Konsequenzen., DB 1999, 1369 ff.

Beispiel

Bei der Waldmann GmbH läuten aufgrund der zunehmenden Schadensmeldungen bezüglich des Toasters[30] die Alarmglocken: Da es schon zu vereinzelten (noch glimpflich endenden) Personenschäden gekommen ist, erwägt Geschäftsführer Großmann einen Rückruf der Toaster.

---

[30] Vgl. *Scherer/Friedrich/Schmieder/Koller*, Wer den Schaden hat..., Band 1, rtw medien Verlag, Deggendorf 2003, Kapitel 1, Ziffer 1. (Einleitungsfall).

Das Problem des Rückrufs wird – auch angefacht durch verstärkte Medienpräsenz der Thematik – zunehmend größer. Gerade im Automobilbereich sind Berichte über Rückrufaktionen fast wöchentlich in Zeitung und Fernsehen zu finden.

Rückrufaktionen und Medien

Beispiel:[31] Der Reifenhersteller Firestone rüstete bestimmte Modelle des Automobilherstellers Ford mit fehlerhaften Pneus aus – daraus resultierte eine Unfallserie mit 203 Toten. Der folgende Rückruf der 13 Mio. Reifen kostete 3 Milliarden US-$.

Beispiel

Die Zahl der Rückrufaktionen hat sich allein in den letzten fünf Jahren nahezu verdoppelt.[32]

Dabei muss man sich aber eines vor Augen führen: Viele Rückrufaktionen in den Medien sind reine Kulanzrückrufe, also solche, die von Gesetzes wegen nicht unbedingt nötig wären, die aber aus Image- oder ähnlichen Gründen durchgeführt werden.

Beispiel: Bei einer neuen Modellserie eines Automobilherstellers klappert eine Zierleiste bei Geschwindigkeiten ab 180 km/h. Gefahren sind damit nicht verbunden. Dennoch leitet der Hersteller eine Rückholaktion ein und verspricht den Autofahrern eine kostenlose Behebung des Problems („Werkstattaktion").

Beispiel

Doch nicht nur Automobilhersteller sind von Rückrufaktionen betroffen. **Auch andere Branchen** dürfen sich nicht in Sicherheit wiegen, wie folgender Ausschnitt aus einem *Zeitschriften-Artikel* zeigt:[33]

„Rückruf-Alarm – Wenn Konzerne Panik kriegen

Er misst nur 30 cm, hat aber einen stahlharten Blick und ganz viel Muskeln an den richtigen Stellen. Sein Name: „Action Man. Bungee Jump Extreme". Seine Berufung: Kinderzimmer-Held. Und das sind die Zahlen, die seinen Erfolg belegen: Über 1,5 Millionen Mal wurde der Plastikprotz weltweit verkauft, 120.000 Mal davon in Deutschland, Öster-

Beispiel

---

[31] *Wenz / Rose*, Ruiniert per Gesetz?, Automobil Industrie, 5/2003, S. 24.
[32] *Wenz / Rose*, Ruiniert per Gesetz?, Automobil Industrie 5/2003, S. 24; auch in der BRD häufen sich Rückrufaktionen: 127 sicherheitsrelevante Aktionen verzeichnete das Kraftfahrtbundesamt im Jahr 2002.
[33] Focus vom 29.08.1999.

reich und der Schweiz. Doch seit zwei Wochen ist der Action-Man aus dem Verkehr gezogen – Hersteller Hasbro musste alle ausgelieferten Exemplare zurückrufen. Grund: Zehn Kinder hatten sich beim Spiel damit verletzt.

Den Opfern aus England, Australien und Frankreich schnellte ein Plastikhaken, der am Ende des elastischen Bungee-Seils befestigt ist, ins Gesicht, zwei Kinder wurden an den Augen verletzt, acht erlitten Schnittverletzungen. (...) Kosten des Rückrufs allein in Deutschland: 100.000 Mark.

Vor solchen Aktionen, bislang vorwiegend von Autos und Haushaltsgeräten bekannt, ist kein Produkt sicher – gleichgültig, wie harmlos es scheint und wie lange es sich schon unbeanstandet im Handel befindet. (...)

Ihre teure Pannenhilfe begründen Firmen gern mit Sätzen wie: „Wichtig ist uns vor allem die Sicherheit der Kunden." Mag häufig stimmen – doch gelegentlich darf man auch reine Taktik dahinter vermuten. Denn seit August 1997 gilt in Deutschland das Produktsicherheitsgesetz, das Behörden erlaubt, von sich aus Rückrufaktionen zu starten. Und so etwas schädigt den Ruf betroffener Unternehmen allemal mehr, als wenn sie von sich aus tätig werden."

Verpflichtende Rückrufe

Im Folgenden geht es nicht um Kulanzrückrufe, sondern um solche, die für den Unternehmer verpflichtend sind. Dabei ist **zu unterscheiden** zwischen **Rückrufen**, die eine Behörde aufgrund des **Geräte- und Produktsicherheitsgesetzes (GPSG)** anordnet, und solchen, die **aufgrund deliktischer Vorschriften** geboten sind.

1. Rückrufpflicht nach dem GPSG

1.1 Allgemeines zum GPSG

Die Bundesregierung wurde bis zum 15. Januar 2004 verpflichtet, die europäische Produktsicherheitsrichtlinie (ProdSRL) in nationales Recht umzusetzen.[34] Unter Einbeziehung der Vorgaben dieser Richtlinie wurden das frühere Gerätesicherheitsgesetz (GSG) sowie das frühere Produktsicherheitsgesetz (ProdSG) zu einem Gesetz zusammengeführt: Das **GPSG**.

Rückrufpflicht nach dem GPSG

Die Regelungen des GPSG sollen den Behörden Möglichkeiten an die Hand geben, gegen gefährliche Geräte und Produkte am Markt zwangsweise vorgehen zu können. Das Gesetz gilt nicht, soweit in Spezialvorschriften strengere Vorgaben geregelt sind, § 1 III GPSG.

Gefährliche Geräte und Produkte

Das Gesetz erfasst sowohl **Arbeitsmittel**[35] als auch **Verbraucherprodukte**[36].

Arbeitsmittel

Nicht nur der **Hersteller** an sich, sondern alle, die sich als Hersteller **gerieren**, sind Adressaten des Gesetzes, § 2 X GPSG.

§ 2 X GPSG

> **Beispiel:** Ein Produkt wird von einem Unternehmer zwar nicht selbst hergestellt, aber mit seinem Namen oder Markenzeichen versehen.

Beispiel

Erfasst sind auch alle, die den Sicherheitsstandard des Produkts beeinflussen; darunter können auch **Händler oder Importeure** fallen, die die Produkte in Verkehr bringen, § 2 XII, XIII GPSG.

§§ 2 XII, XIII GPSG

---

[34] RL 2001/95/EG.
[35] § 2 II GPSG: Arbeitsmittel sind „verwendungsfähige Arbeitseinrichtungen", die ausschließlich bei der Arbeit verwendet werden, sowie deren Zubehör und Schutzausrüstungen.
[36] § 2 III GPSG: Verbraucherprodukte sind dagegen Gebrauchsgegenstände und sonstige Produkte, die entweder für Verbraucher bestimmt sind oder bei denen eine Verwendung durch Verbraucher vorhersehbar ist.

1.2 Die Kernregeln des GPSG

Die Kernregeln des GPSG sind die §§ 4 und 5:

	Vorschrift des GPSG	Wesentlicher Inhalt
§ 4 GPSG	§ 4 GPSG Inverkehrbringen	Voraussetzung für das **Inverkehrbringen** ist, dass das Produkt bei bestimmungsgemäßer Verwendung und vorhersehbarer Fehlanwendung **keine Gefährdung für die Sicherheit und die Gesundheit** der **Verwender und Dritter** nicht beeinträchtigt.
	Ausstellen	Die **Ausstellung** eines unsicheren Produkts ist nur erlaubt, wenn ausdrücklich darauf hingewiesen wird. Ein Verkauf ist erst nach Beseitigung der Sicherheitsmängel zulässig, § 4 V GPSG.
§ 5 GPSG	§ 5 GPSG Besondere Pflichten bei Verbraucherprodukten	**Hersteller und Importeure** müssen nach § 5 I, II GPSG • ausreichend über die Gefahren des Produkts informieren, • Name und Adresse des Herstellers oder (falls der Hersteller nicht im Europäischen Wirtschaftsraum ansässig ist) des Importeurs auf dem Produkt oder der Verpackung angeben, • Vorkehrungen treffen, damit ein wirksamer Rückruf möglich ist und • bei bekannt werdenden Gefahren die zuständigen Behörden informieren. **Händler** müssen dazu beitragen, dass nur sichere Produkte in Verkehr gebracht werden (§ 5 III GPSG). • Insbesondere darf kein Verkauf stattfinden, wenn der Händler weiß oder wissen muss, dass das Produkt gefährlich ist. **Achtung**: Dies gilt nur bei Verbraucherprodukten!

1.3 Gefahrenabwehrmaßnahmen der Behörden

Folgende Übersicht stellt das Instrumentarium der zuständigen Behörden dar, um auf unsichere Produkte reagieren zu können:

Instrumente nach dem GPSG	Anmerkungen	
Ausstellungsuntersagung (§ 8 IV 2 Nr. 1)	• Nur bei Verletzung der Vorgaben des § 4 V GPSG	Gefahrenabwehrmaßnahmen der Behörden
Maßnahmen zur Sicherheitsgewähr (§ 8 IV 2 Nr. 2)	• Ausfüllungsbedürftige Generalklausel	
Überprüfungsanordnung (§ 8 IV 2 Nr. 3)	• Nötig, um feststellen zu können, ob ein Produkt den Sicherheitsanforderungen entspricht	
Verbot des Inverkehrbringens (§ 8 IV 2 Nr. 4 + 5)	• Vorübergehendes Verbot während des Prüfungszeitraums nach Nr. 3 • Endgültiges Verbot nach Abschluss der (negativ ausgefallenen) Prüfung	
Rückruf- oder Rücknahmeanordnung (§ 8 IV 2 Nr. 6)	• Sogar unschädliche Beseitigung kann angeordnet werden	
Warnungsanordnung (§ 8 IV 2 Nr. 7)	• Zwang zur Anordnung durch den Hersteller	
Selbst-Warnrecht der Behörde (§ 8 IV 3 GPSG)	• Behörde darf selbst warnen, wenn andere Maßnahmen nicht oder nicht rechtzeitig getroffen werden (insbesondere durch den Hersteller selbst)	

Annexkompetenzen (§ 8 VII – X GPSG)	• Recht zum Betreten von Grundstücken und Räumen • Recht zur Prüfung der Produkte • Recht auf Probeentnahme und Musteranforderung • Recht zur gegenseitigen Information und Unterstützung der zuständigen Stellen untereinander
Adressaten der Anordnungen (§ 8 V GPSG)	• Grundsätzlich der Hersteller oder der Importeur • Händler nur, falls erforderlich • Dritte nur bei gegenwärtiger Gefahr (dann ggf. Schadensersatzanspruch)

1.4 Speziell: Der Rückruf nach § 8 IV 2 Nr. 6 GPSG

Rückruf nach § 8 IV 2 Nr. 6 GPSG

Eine Verpflichtung des Herstellers zum Rückruf seiner Waren ergibt sich nicht unmittelbar aus § 8 GPSG: Die Vorschrift stellt nur eine **Befugnisnorm für die zuständige Behörde** dar, einen Rückruf anzuordnen. Ordnet sie den Rückruf an, besteht aus diesem Grunde eine **öffentlich-rechtliche Pflicht** des Herstellers dazu. Solange die Behörde also nicht tätig wird, ist der Hersteller nicht von sich aus zum Rückruf – aufgrund des GPSG – verpflichtet.

Anordnungsrecht der Behörde

Dieses Anordnungsrecht der Behörde setzt ein bereits in Verkehr gebrachtes, unsicheres Produkt ebenso voraus wie das Ausbleiben von eigenen und wirkungsvollen Maßnahmen des Herstellers zur Beseitigung der Gefahr (**ultima-ratio-Prinzip, § 8 IV 4 GPSG**).

Beispiel

Beispiel: Reicht im Einzelfall auch die Anordnung breit angelegter Warnungen aus, so darf die Behörde nicht zum stärkeren Mittel der Rückrufanordnung greifen. Sie darf nicht „mit Kanonen auf Spatzen schießen".

2. Rückrufpflicht nach deliktischen Vorschriften

Eine **Rückrufpflicht in zivilrechtlicher Hinsicht** besteht nur dann, wenn entsprechende Verkehrspflichten dazu Anlass geben, also soweit eine Warnung des Produktbenutzers nicht mehr ausreicht; genau an dieser Voraussetzung scheitern in der Regel zivilrechtliche Rückrufpflichten:[37]

Rückrufpflicht in zivilrechtlicher Hinsicht

- Wer durch eine Warnung von der Gefährlichkeit einer Sache erfährt, kann sich selbst ausreichend dadurch schützen, dass er sie nicht weiter benutzt. Macht er es dennoch, handelt er auf eigene Gefahr und unterbricht den Kausalzusammenhang.[38]

- Der Rückruf ist auch nicht immer das wirkungsvollere Instrument: Erforderlich dafür ist nämlich die Identifikation des Verbrauchers; ist eine solche aber erfolgt, kann der Verbraucher auch gewarnt werden.

- Unstreitig ist der Rückruf dann geboten, wenn dem Verbraucher nicht zuzumuten ist, von der Benutzung des Produkts abzusehen; solche Fälle bedürfen jedoch äußerst genauer Begründung.[39]

- Diese Angaben sollen nicht zur Verharmlosung verleiten. Bei Gefahr für Leib und Leben kann ein Rückruf zur Vermeidung zivil- und strafrechtlicher Sanktionen immer noch geboten sein.

Praxistipp

Tipps:

- In Fällen mit Gefahr für Leib und Leben ist für schnellstmögliche Sachverhaltsaufklärung zu sorgen.

- Der Sachverhalt ist einem auf Produkthaftung spezialisierten Anwalt möglichst detailliert und verständlich aufgegliedert vorzulegen.

- Bei erhöhtem Risiko ist unbedingt eine Rückrufversicherung abzuschließen.

- Rückrufaktionen dürfen nicht aus Kostengründen scheitern!

Praxistipp

---

[37] *Foerste*, Zur Rückrufpflicht nach § 823 BGB und § 9 ProdSG - Wunsch und Wirklichkeit, DB 1999, 2199.
[38] *Foerste*, Zur Rückrufpflicht nach § 823 BGB und § 9 ProdSG - Wunsch und Wirklichkeit, DB 1999, 2199.
[39] *Foerste*, Zur Rückrufpflicht nach § 823 BGB und § 9 ProdSG - Wunsch und Wirklichkeit, DB 1999, 2199.

3. Subjektiver Anspruch auf Rückruf

Subjektiver Anspruch auf Rückruf aus § 823 I BGB

Rückrufansprüche von Personen, die sich im Gefahrenbereich des Produkts befinden, im Sinne präventiver Durchsetzung einer Rückrufaktion bestehen **nach § 823 I BGB nicht**: Denn § 823 I BGB schützt allein das Integritätsinteresse, das heißt, es muss bereits zu einem Schadenseintritt gekommen sein (Repression).[40]

§ 1004 BGB

Aus § 1004 BGB ist ein subjektives Recht auf Rückruf ebenfalls **im Regelfall nicht** möglich: Denn § 1004 BGB setzt voraus, dass der Anspruchsteller mit eigenen Mitteln nicht in der Lage, die ihm drohenden Gefahren zu beseitigen;[41] geht er jedoch vor Gericht, um präventiv einen Rückruf durchzusetzen, kennt er diese Gefahren ja bereits und kann sich in praktisch allen Fällen selbst davor schützen.

§ 8 GPSG

Aus § 8 GPSG kann sich schon deshalb **kein Recht** des Einzelnen ergeben, weil sich die Norm als Befugnisnorm nur an Behörden wendet.

Anspruch auf Rückruf nach UWG

Im Einzelfall kann es aber dazu kommen, dass beispielsweise der Hersteller des Hauptprodukts gegen einen Zubehörhersteller Ansprüche auf Rückruf nach dem **UWG** hat.[42] Als Grundlage des Anspruchs kommen **§ 3 UWG** (irreführende Angaben) und die Generalklausel **§ 1 UWG** (Verstoß gegen die guten Sitten durch Rechtsbruch) in Betracht. Der Vorwurf besteht darin, dass der Verwender gefährlicher und fehlerhafter Produkte sich dadurch einen Wettbewerbsvorteil gegenüber einem Konkurrenten verschafft, welcher auf Sicherheit achtet. Zur Geltendmachung ist ein Mitkonkurrent nach § 13 II 1 Nr. 1 UWG aber nur geeignet, wenn eine „wesentliche Beeinträchtigung des Wettbewerbs" zu befürchten ist. Davon kann wohl dann ausgegangen werden, wenn Werbung mit dem (objektiv fehlenden) Sicherheitsniveau gemacht wurde.

---

[40] *Vieweg / Schrenk*, Produktrückruf als Instrument präventiven Verbraucherschutzes, Jura 97, 563.
[41] *Vieweg / Schrenk*, Produktrückruf als Instrument präventiven Verbraucherschutzes, Jura 97, 564.
[42] Die Voraussetzungen dafür sind noch weitgehend ungeklärt und dürften relativ hoch anzusiedeln sein.

4. Exkurs: Der US-Tread-Act[43]

In den USA selbst existiert schon seit vielen Jahrzehnten der Zwang, Mängel an Kraftfahrzeugen, Reifen oder anderen Kraftfahrzeugteilen an die zuständige Behörde NHTSA (**National Highway Traffic Security Agency**) zu melden.

US-Tread-Act

Durch den so genannten US-Tread-Act wurden im Oktober 2000 die Meldepflichten auch auf Mängel im Ausland ausgedehnt (Rückrufverbesserungs-, Haftungs- und Dokumentationsgesetz für das Transportwesen).

Meldepflichten auch auf Mängel im Ausland

Ziel des Tread-Acts ist die Schaffung eines umfangreichen Frühwarnsystems im Automobilbereich:

Ziel des Tread-Acts

- Zeitnahe Meldung (5 Tage) von Rückrufaktionen im In- und Ausland – unter Umständen auch durch Zulieferer!
- Vierteljährliche, detaillierte Auflistung (Sachmängelhaftung und entsprechende Ansprüche, Kundenbeschwerden, Erkenntnisse über Unfälle mit Todesfolge und schweren Verletzungen)
- Notwendigkeit eines aufwändigen Systems zur weltweiten Beobachtung (erheblicher Kostenaufwand)
- Erhebliche Strafen bei Verstoß gegen Berichtspflicht (Bußgelder bis zu 15 Mio. US-$)

Praxistipp

Die Auswirkungen auf die deutsche Automobilbranche werden erheblich sein, sofern eine Präsenz auf dem US-Markt besteht.[44]

---

[43] *Wenz / Rose*, Ruiniert per Gesetz?, Automobil Industrie 5/2003, S. 25 ff.
[44] „Meldepflichtig gegenüber der Meldebehörde National Highway Traffics Safety Administration (NHTSA) sind **unter anderem** alle **Rückrufaktionen** von Fahrzeugen in Ländern außerhalb der USA, insbesondere wenn die Rückrufe durch mangelhafte sicherheitsrelevante Bauteile verursacht wurden und die Autos auch in den USA verkauft werden, sogar wenn bei diesen Fabrikaten die Bauteile bisher sich mangelfrei zeigten. Bei vorsorglichem Austausch des betreffenden Bauteils durch die OEM besteht die Gefahr, dass diese den Zulieferern die erheblichen Aufwendungen aufbürden. Tatsächlich wurde bereits ein größerer deutscher Zulieferer von einem OEM für eine entsprechende US-Aktion in Anspruch genommen. Ein Experte vom Frankfurter Dachverband der deutschen Automobilindustrie VDA führt aus, dass sich die Auswirkungen des US-Tread-Acts auf die Produkthaftungsklagen in den USA noch gar nicht abschätzen ließen. Für viele Unternehmen, insbesondere im Zuliefererbereich kann die Durchrei-

Kapitel 15: Die betriebliche Dokumentation

Weiterführende Literatur:

Literatur

Arens, „Zur Beweislastproblematik im heutigen deutschen Produkthaftungsprozess", ZZP 104 (1991), 123 ff; *Danbeck,* Beweisfragen im Schadensersatzprozess wegen Auslösemängeln von Sicherheitsbindungen, VersR 1992, 284 ff; *Katzenmeier,* Entwicklungen des Produkthaftungsrecht, JuS 2003 (Heft 10), 943, 947 ff; *Kullmann,* „ie Rechtsprechung des Bundesgerichtshofs zum Produkthaftpflichtrecht in den Jahren 1997 bis 1998, NJW 1999, 101 ff; *Kunz,* Die Produktbeobachtungs- und die Befundsicherungspflicht als Verkehrssicherungspflichten der Warenhersteller, BB 1994, 450 ff; *Schlutz,* Haftungstatbestände des Produkthaftungsrechts- Die Haftung des Herstellers fehlerhafter Produkte: Produkthaftungsgesetz, DStR 1994, 791, 793; *Steffen,* Beweislasten für den Arzt und den Produzenten aus ihren Aufgaben zur Befundsicherung, Festschrift für Brandner, 1996, S. 327 ff; *Tiedke,* Die Beweislast bei Instruktionsfehler, PHI 1992, 138 ff.

---

chung der vollen Kosten durch die OEM das Aus bedeuten! Die Zulieferer sollten vorsorglich ihr Vertragswerk genauestens überprüfen lassen, ob sie zur Kostentragung bei Rückrufaktionen oder Produkthaftungsfällen entsprechend verpflichtet sind."; vgl. *Wenz / Rose,* Ruiniert per Gesetz?, Automobil Industrie 5/2003, S. 25 ff.

1. Risiken für Hersteller und Mitarbeiter

Die Anforderungen an sämtliche Hersteller und deren Mitarbeiter wurden im Bereich der Produkthaftung von der Rechtsprechung und vom Gesetzgeber mehr und mehr verschärft. Jüngste Beispiele dafür sind das **KonTraG**[45], der **US-Tread-Act**[46] sowie die Gefahren der internationalen Produkthaftung.

Risiken für Hersteller und Mitarbeiter

- Durch das **KonTraG** wurde einer Vielzahl von Unternehmen – nicht nur Aktiengesellschaften, sondern auch „großen" GmbHs – die **Pflicht zur Installation eines Risikomanagementsystems**[47] auferlegt. Auch in derartigen Systemen ist die **Dokumentation** wesentlicher Bestandteil. Unterlässt ein Manager pflichtwidrig die Einrichtung eines derartigen Systems, macht er sich persönlich unter Umständen über § 823 II BGB schadensersatzpflichtig. Er haftet also mit seinem vollen Privatvermögen ohne die Möglichkeit einer Haftungsbeschränkung.

- Die Anforderungen auch im Bereich der Dokumentation sind in der Automobilindustrie nicht zuletzt durch **den US-Tread-Act** erheblich gewachsen.

Praxistipp

Die Zahl der **Rückrufaktionen** hat sich allein in den letzten fünf Jahren nahezu verdoppelt. Aktuelles Beispiel: Die Rückrufaktion von 13 Millionen Firestone-Reifen, welche Kosten in Höhe von ca. drei Milliarden US Dollar verursachte.[48]

Beispiel

---

[45] KonTraG: Gesetz zur Kontrolle und Transparenz im Unternehmensbereich (vgl. hierzu Kapitel 21).
[46] Tread-Act: Transportation Recall Enhancement Accountability and **Documentation**-Act (vgl. Kapitel 14).
[47] Vgl. hierzu Kapitel 21.
[48] *Wenz / Rose*, Ruiniert per Gesetz?, Automobil Industrie 5/2003, S. 24; auch in der BRD häufen sich Rückrufaktionen: Allein 127 sicherheitsrelevante Aktionen verzeichnete das Kraftfahrtbundesamt im Jahr 2002.

Das **Risiko internationaler Produkthaftung** mit exorbitanten Schadensersatzverbindlichkeiten[49] besteht für nahezu jeden Hersteller beziehungsweise Zulieferer: Dafür ist nicht unbedingt erforderlich, dass ein direkter Export beispielsweise in die USA stattfindet. Ausreichend ist es auch, wenn das Produkt im üblichen Geschäftsverkehr („stream of commerce") dorthin gelangt.[50]

2. Der Begriff der Dokumentation

2.1 Technisches Verständnis

Technisches Verständnis

Der Begriff der technischen Dokumentation umfasst vor allem drei Bereiche. Es geht um die *Sammlung von Unterlagen*[51].

Praxistipp

- über die Entwicklung, Konstruktion, Entstehung, Fertigung, Qualitätssicherung (und ähnliche interne Unterlagen),

- für den Vertrieb eines Produkts (Prospekte, Kataloge, Datenblätter, Spezifikationen und ähnliches),

- über Informationen für den Benutzer des Produkts (Gefahrenhinweise, Gebrauchsanweisungen, Montageanleitungen etc.).

2.2 Juristisches Verständnis

Juristisches Verständnis

Den Begriff der technischen Dokumentation gibt es im juristischen Sprachgebrauch nicht. Die ersten beiden oben angesprochenen Punkte fallen unter den Begriff der **Beweismittelsammlung**, der letzte Punkt wird in der Fachsprache als Nachweis über die Erfüllung der **Instruktionspflicht** bezeichnet.

---

[49] Stichwort: punitive damage (Strafschadensersatz), siehe dazu mehr in Kapitel 20.
[50] *Scherer/Butt/Reimertshofer*, Risiken internationaler Produkthaftung aus der Sicht eines deutschen Unternehmers, DB 1999, S. 469 ff: Diesen Aufsatz finden Sie im Volltext auch unter http://www.sdr-wirtschaftsrecht.de.
[51] *Anhalt*, Die Haftung für fehlerhafte technische Dokumentation, S. 5.

3. Sinn der Dokumentation

Sinn der Dokumentation ist es vor allem, in allen Risikobereichen **entlastende Dokumente zu erstellen** und diese über eine ausreichende Zeitspanne **verfügbar zu halten**.

Sinn der Dokumentation

Lange Aufbewahrungszeiten von entlastenden Dokumenten sind deshalb angezeigt, weil die gesetzlichen Verjährungsfristen zum Teil sehr lang sind.

Aufbewahrungsfrist: bis 30 Jahre

Beispiel:	So etwa beträgt die Verjährungsfrist für Schadensersatzansprüche, welche auf der Verletzung von Leben, Körper oder Gesundheit beruhen, **30 Jahre**, gerechnet ab dem schadensauslösenden Ereignis, § 199 II BGB.

Beispiel

Erfolgt innerhalb dieser Frist eine Inanspruchnahme und ist eine Entlastung mangels ausreichender Dokumentation nicht mehr möglich, treten in Gerichtsverfahren regelmäßig Beweisprobleme auf, die zum Prozessverlust führen. Bei einer Inanspruchnahme erst nach Jahren gäbe es ohne Dokumentation meist keine Chance mehr, sich hinreichend zu entlasten.[52]

Beweissicherung

Wichtig sind damit in juristischer Hinsicht folgende Möglichkeiten der Dokumentation:

- Aufnahme der Daten (fehlerloses Input),
- Organisation der Daten (Minimaler Administrationsaufwand, Wegfall von Routinetätigkeiten),
- Verfügbarkeit der Daten (Schneller Zugang, leichte Bedienbarkeit, gezielter Zugriff),

Praxistipp

---

[52] *Thorbrietz*, Das Gedächtnis der Welt, BMW Magazin, S. 30 ff: „*Doch obwohl ein steigender Anteil wichtiger Daten längst elektronisch und nicht mehr auf Papier konserviert wird, denken die wenigsten Urheber über deren Zukunft nach.*" „*Elektronische Daten halten ewig, vielleicht aber auch nur 5 Jahre*", spottete *Jeff Rothenberch* einer der führenden Computerwissenschaftler „*(...) wichtige Jahresbilanzen, Versicherungszahlen oder Labordaten der vergangenen 35 Jahre sind bereits verloren. Zum Beispiel die Messwerte der ersten Mondlandung: Davon sind noch die Computerbänder erhalten, aber sie können nicht mehr gelesen werden, weil der Kodierungsschlüssel verschwunden ist... Wissenschaftliche Unternehmungen, die zig Milliarden Dollar verschlungen haben, scheitern also letztlich an der Vergänglichkeit ihrer Kommunikationssysteme.*"

Praxistipp

- Langfristige Archivierung der Daten (zuverlässige Lesbarkeit über Jahrzehnte),

- Zuverlässigkeit der Archivierung (Sicherstellung der Datenintegrität, Zugriffssicherheit, kein Verlust teurer Daten),

- Flexibilität bei neuen Anforderungen (offenes System; Zugriffsmöglichkeiten auch bei Systemwechsel).

4. Tipps für die Beweiserlangung

Beweiserlangung

Folgende **Tipps** sollten unbedingt beachtet werden, um in einem etwaigen gerichtlichen Verfahren genügend Beweismittel an der Hand zu haben.[53]

Praxistipp

- Verwendung von Dokumentationssysteme, die eine sichere Tatsachenerlangung, deren zuverlässige Speicherung und einen unproblematischen und zielgerichteten jederzeitigen Zugriff erlauben.

- Möglichst von Zeugen unabhängige Beweisführung – das menschliche Erinnerungsvermögen wird naturgemäß mit zunehmendem zeitlichem Abstand schwächer. Persönliche Differenzen zwischen Zeugen und Beweisführer können zu besonders subjektiv gefärbten Aussagen führen.

- Sofern es um den Versand wichtiger Unterlagen geht (Kündigungen, Rücktrittserklärungen etc.): Einschreiben mit Rückschein versenden. Allerdings wird hier nur der Zugang eines Umschlags dokumentiert – die Schutzbehauptung, das Kuvert sei leer gewesen, kann so nicht widerlegt werden.

- Noch besser ist daher bei wichtigen Dokumenten eine persönliche Übergabe vor Zeugen oder durch Zeugen. In diesem Fall sollte dem Zeugen (etwa einer Sekretärin oder dem Betriebsleiter) der Inhalt des Schreibens bekannt sein; es sollte vor dessen Augen in ein Kuvert gesteckt und dann durch den Zeugen oder in dessen Anwesenheit dem Adressaten übergeben werden.

- Anschließend sollte der Zeuge ein Protokoll unterschreiben, indem er den Vorgang bestätigt (Unabhängigkeit!).

---

[53] Vgl. dazu auch *Scherer/Friedrich/Schmieder/Koller*, Wer den Schaden hat…, Band 1, rtw medien Verlag, Deggendorf 2003, Kapitel 1, Ziffer 4.10.

5. Weitere Vorteile einer umfassenden Dokumentation

- Auf eine gute Dokumentationsarbeit wird gerade bei **Zertifizierungsvorgängen** großer Wert gelegt. Manche Zertifizierungsversuche sind schon an diesem Punkt gescheitert. Die Wichtigkeit der Dokumentation im Rahmen der Zertifizierung steigt noch dadurch, dass die Aufbewahrungsfristen durch die langen Verjährungsfristen bis zu 30 Jahren erheblich erweitert wurden.

- Im Rahmen des **Risikomanagements** ist die Dokumentation unerlässlich, wie oben angeführte rechtliche Risiken zeigen. Ein funktionierendes Risikomanagementsystem wird aber nicht nur zum Teil vom Gesetzgeber verlangt (§ 92 II AktG; KonTraG), sondern darüber hinaus auch von Banken bei der Vergabe von Krediten berücksichtigt (Basel II)[54].

- Auch zur **Vermeidung** des Vorwurfs der **Beweisvereitelung** ist die Dokumentation erforderlich. Beweisvereitelung bedeutet, dass eine Partei dem beweisbelasteten Gegner die Beweisführung schuldhaft (es kann schon einfache Fahrlässigkeit reichen!) unmöglich macht.[55] Folge: Das beweiserschwerende Verhalten der Partei wird vom Gericht bei der Beweiswürdigung berücksichtigt, was im Einzelfall sogar zu einer Beweislastumkehr führen kann.[56]

- Eine sichere und langlebige Dokumentation dient der **Unabhängigkeit von Zeugen**: Es kann sehr unangenehm werden, einen Mitarbeiter als Zeugen benennen zu müssen, gegenüber dem vor einiger Zeit die Kündigung ausgesprochen wurde. Das menschliche Erinnerungsvermögen schwindet mit zunehmender Zeitdauer ohnehin. Ein Effekt, der sich in einem sich über Jahre hinziehenden Prozess durch sog. Beweisnot äußern kann.

Praxistipp

Vorteile einer umfassenden Dokumentation

---

[54] Vgl. hierzu unten Kapitel 21.
[55] Palandt/ Putzo, Bürgerliches Gesetzbuch, 62. Auflage, Verlag C. H. Beck, München, 2003, § 286, Rn. 17.
[56] BGH NJW 1987, 1482.

- Auch für **Öffentlichkeitsarbeit** können Dokumentationen genutzt werden: So konnte Mercedes Benz bei der Elch-Test-Affäre nachweisen, dass die A-Klasse grundsätzlich absolut sicher und die Probleme bei gestaffelten Ausweichmanövern mit dem neu eingebauten elektronischen System restlos auszuschließen sind. Derartige **entlastende Nachweise** sollten im „worst case" **zeitnah** zu führen sein, damit sich nicht ein primärer Imageverlust bilden oder festigen kann. Zeitnah heißt aber, es muss ein sicherer und schneller Zugriff auf entlastende Dokumentation sichergestellt sein.

- Nach dem **Produktsicherheitsgesetz** können die zuständigen Behörden im Extremfall den Rückruf von Produkten oder öffentliche Warnungen amtlich anordnen. Der Hersteller muss dieser Anordnung dann Folge leisten. Dies kann häufig dadurch vermieden werden, dass den Behörden die Dokumentation der Mangelfreiheit des Produkts vorgelegt wird – ein weiteres Vorgehen der Behörden ist dann unter dem Gesichtspunkt der drohenden Amtshaftung weitaus unwahrscheinlicher.

- Nicht zuletzt wird eine gute Dokumentation auch bei **Produkthaftpflicht-Versicherern** gern gesehen. Schließlich müssen diese nicht eintreten, wenn sich aufgrund einer hervorragenden Dokumentationsarbeit des Unternehmens die Ansprüche als haltlos herausstellen. Somit kann ein funktionierendes Dokumentationssystem ohne Schwächen durchaus dazu führen, dass Prämien gesenkt werden.

Kapitel 16: Die strafrechtliche Haftung von Mitarbeitern in Produkthaftungsfällen

Weiterführende Literatur:

Beulke/ Bachmann, Die Lederspray- Entscheidung - BGH St 37, 106, JuS 1992, 737 ff; *Bottke,* Täterschaft und Teilnahme im deutschen Wirtschaftskriminalrecht de lege lata und de lege ferenda, JuS 2002, 320 ff; *Hilgendorf,* Gibt es ein „Strafrecht der Risikogesellschaft?, NStZ 1993, 10, 15; *Kassebohm/ Malorny,* Die strafrechtliche Verantwortung des Managements, BB 1994, 1361 ff; *Reese,* Zur Haftung von „Managern" im Außenverhältnis, DStR 1995, 688 ff; *Schmidt-Salzer,* Strafrechtliche Produkt- und Umweltverantwortung von Unternehmensmitarbeitern: Anwendungskonsequenzen, PHI 1990, 234 ff; *Schmidt- Salzer,* Verbraucherschutz, Produkthaftung, Umwelthaftung, Unternehmensverantwortung, NJW 1994, 1305, 1311.

Literatur

Da die Schadensmeldungen mit den fehlerhaften Toastern der Waldmann GmbH[57] immer noch zunehmen, werden langsam auch die Mitarbeiter nervös. Im Rahmen einer Betriebsversammlung kommt dabei spontan das Gespräch darauf. Der Versammlungsleiter versucht die Mitarbeiter mit dem Hinweis zu beruhigen, dass Mitarbeiter für Produktfehler niemals von der Staatsanwaltschaft behelligt werden könnten.

Beispiel

---

[57] Vgl. zum Fall: *Scherer/Friedrich/Schmieder/Koller,* Wer den Schaden hat ..., Band 1, rtw medien Verlag, Deggendorf 2003, Kapitel 1, Ziffer 1., Einleitungsbeispiel.

Geld- und Freiheits- strafen

Was oft im wahrsten Sinne des Wortes „sträflich" vernachlässigt wird, ist die strafrechtliche Komponente von Produktfehlern.[58] **Jedem Mitarbeiter drohen unter Umständen Geld- und sogar Freiheitsstrafen**, wenn er durch einen von ihm zu verantwortenden Produktfehler andere an Leben, Körper oder Gesundheit schädigt.

Im folgenden Abschnitt werden die Grundzüge der strafrechtlichen Haftung bei Produktfehlern erläutert, **um die Mitarbeiter im Betrieb zu sensibilisieren, nicht aber, um sie zu verängstigen.**

1. Einführung

Anhand der folgenden Fälle – allesamt vom Bundesgerichtshof oder anderen hohen Gerichten entschieden – wird zunächst ein Einblick in die Entwicklung der strafrechtlichen Produkthaftung in Deutschland gegeben.

Der Zwischenstecker-Fall[59]

Beispiel „Zwischen- stecker-Fall"

Tathergang:	Eine Waschmaschine war mit einem fehlerhaften Zwischenstecker an die Steckdose angeschlossen worden; der Stecker stellte entgegen der einschlägigen VDE-Richtlinien keine Erdung her. Als die Isolierung des Zuleitungskabels versagte, wurde das Gehäuse der Waschmaschine unter Strom gesetzt, wodurch die Benutzerin der Maschine einen tödlichen Stromschlag erlitt.
Urteil:	Der **Inhaber der Herstellerfirma** des Zwischensteckers wurde vom Landgericht wegen fahrlässiger Tötung zu einer Freiheitsstrafe auf Bewährung verurteilt. Der BGH bestätigte den Schuldausspruch.

---

[58] Zur Differenzierung zwischen Straf- und Zivilrecht vgl. *Scherer/ Friedrich/ Schmieder/ Koller*, Wer den Schaden hat..., Band 1, rtw medien Verlag, Deggendorf 2003, Kapitel 1, Ziffer 4.1.
[59] BGH RdE 1959, 47.

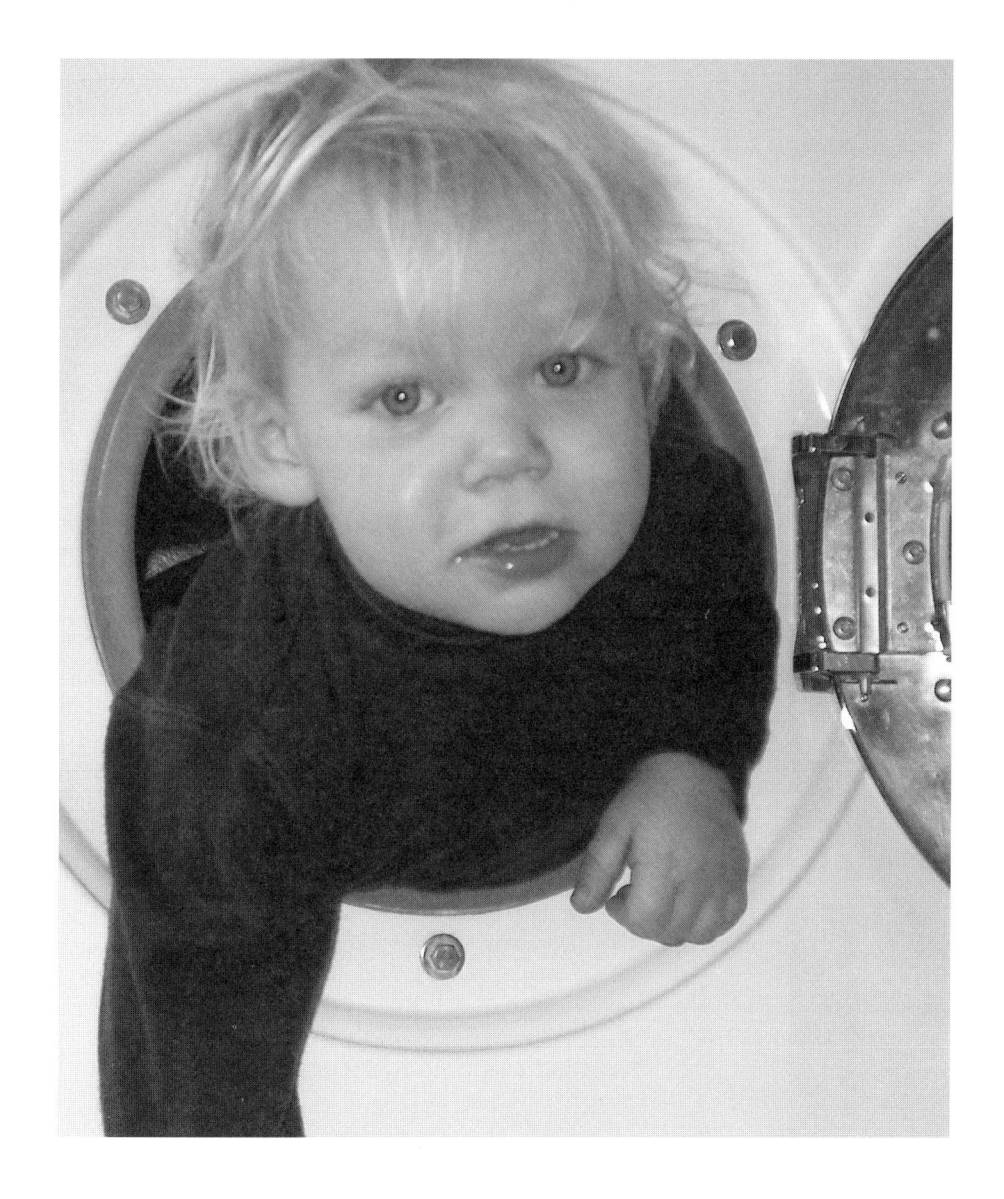

Unverzichtbares Praxiswissen zur Vermeidung der Produktfehlerhaftung

Der Contergan-Fall[60]

Beispiel „Contergan-Fall"

Tathergang: Contergan war Ende der 50er-Jahre vom Hersteller als Schlafmittel in Verkehr gebracht worden. Später häuften sich die Indizien dafür, dass dieses Mittel für irreparable Nervenschädigungen der Patienten sowie für schwerste Missbildungen der ungeborenen Kinder der Patientinnen ursächlich war.

Anklage: **Neun leitende Mitarbeiter** des Unternehmens wurden daraufhin angeklagt, unter anderem wegen

fahrlässiger Körperverletzung (bezüglich der Schädigungen, die vor dem Zeitpunkt eintraten, in dem die Unternehmensleitung sichere Hinweise, wohl aber bereits deutliche Anzeichen für die Gesundheitsgefahren hatte),

gemeinschaftlicher vorsätzlicher Körperverletzung (bezüglich der Schädigungen ab dem Zeitpunkt der sicheren Kenntnis der Sachlage),

fahrlässiger Tötung (bezüglich der infolge schwerer Missbildungen lebensunfähig geborenen Kinder der Contergan-Verwenderinnen).

Entscheidung: Nach einer neunjährigen Verfahrensdauer wurde das Verfahren schließlich nach § 153 III StPO eingestellt: Das Gericht sah einerseits die Schuld zwar als überwiegend wahrscheinlich an, bewertete andererseits aber auch die ungewöhnlichen Belastungen der Angeklagten durch das Verfahren und durch freiwillige hohe Schadensersatzleistungen.

---

[60] LG Aachen, JZ 1971, 507 ff.

Der Monza-Steel-Fall[61]

Tathergang: Ein Reifenhersteller fertigte und vertrieb Hochgeschwindigkeitsreifen, die aufgrund zahlreicher Defekte die Lauffläche stückweise oder schlagartig vollständig abwarfen. Infolge der verursachten Verkehrsunfälle starben sieben Menschen, 22 wurden verletzt und es entstand hoher Sachschaden.

Beispiel „Monza-Steel-Fall"

Urteil: Von den ursprünglich vier Angeklagten verstarb im Laufe des Verfahrens einer, zwei wurden verhandlungsunfähig. Der verbleibende Angeklagte (**Abteilungsleiter** für die reifentechnische Entwicklung) wurde schließlich wegen siebenfacher fahrlässiger Tötung und tateinheitlicher 22-facher fahrlässiger Körperverletzung zu einem Jahr Freiheitsstrafe auf Bewährung verurteilt.
Begründet wurde das Urteil mit den ihm anzulastenden Konstruktionsfehlern bei der Entwicklung sowie mit einem schuldhaften Verstoß gegen Prüfpflichten bei der Reifenerprobung.

Der Holzschutzmittel-Fall[62]

Tathergang: Ein Unternehmen stellte Holzschutzmittel her, welche die Gifte PCP und Lindan enthielten. Dadurch wurden mindestens 29 Personen körperlich zum Teil gravierend geschädigt.

Beispiel „Holzschutzmittel-Fall"

Urteil: Der technische und der kaufmännische **Geschäftsführer** des Unternehmens wurden daraufhin unter anderem wegen fahrlässiger Körperverletzung angeklagt und zu einem Jahr Freiheitsstrafe auf Bewährung verurteilt.

Revision: Auf die Revision zum BGH hin wurde das Urteil aufgehoben, was hauptsächlich prozessuale Gründe hatte, aber auch dem Umstand Rechnung trug, dass das LG verurteilte, obgleich es sich mit der wissenschaftlich höchst umstrittenen Frage der Ursächlichkeit der Verwendung der Holzschutzmittel für die Gesundheitsschädigung nicht hinreichend auseinandersetzte. Das später fortgesetzte Verfahren wurde schließlich durch Einstellung beendet, nachdem sich das Unternehmen bereit erklärte, 4 Mio. DM zur Gründung einer Stiftung zur Erforschung der in der Anklage vorgeworfenen Schädigung durch Holzschutzmittel zur Verfügung zu stellen.

---

[61] LG München II, 21.4.1978, IV KLs 58 JS 5534/76.
[62] BGH NJW 1995, 2930 ff.

Der Reifenhändler-Fall[63]

Beispiel „Reifenhändler-Fall"

Tathergang: Der Reifenhändler-Fall ist deswegen interessant, weil **nicht der Hersteller, sondern** dessen **Endhändler angeklagt** war, welcher die Reifen trotz eines Rückrufes durch den Hersteller an einen Kunden verkauft hatte. Der Endhändler bekam allerdings von der Rückrufaktion nichts mit und erfuhr auch später nicht von der Gefährlichkeit.

Urteil: In erster Instanz wurde der **Endhändler** freigesprochen, die Revision der Staatsanwaltschaft hatte jedoch Erfolg: Das OLG sah den Tatbestand der fahrlässigen Körperverletzung als erfüllt an.

Leitsatz: Wer mit Gegenständen gewerbsmäßig Handel treibt, deren Benutzung bei Serienfehlern mit Gefahren für Leib und Leben des Erwerbers oder Dritter verbunden ist, ist verpflichtet, diese Gefahren nach Kräften abzuwenden. Ein Händler mit KfZ-Zubehör muss mit dem Rückruf von Reifenserien rechnen, er muss deshalb als Händler bei seinem Lieferanten sicherstellen, dass er in den Bereich des Informationsflusses über einen etwaigen Rückruf einbezogen wird.

---

[63] OLG Karlsruhe, NJW 1981, 1054.

Der Blutplasma-Fall[64]

Tathergang: Aus Kostenersparnisgründen verzichtete ein Herstellerunternehmen von Blutplasma darauf, jede Blutspende einzeln auf HIV und Hepatitis zu untersuchen. Stattdessen wurden auf Anweisung der Geschäftsleitung jeweils mehrere Spenden gemischt und gemeinsam untersucht (so genanntes pooling). Ein derartiges Verfahren vermindert allerdings die Empfindlichkeit der Antikörpersuchtests und ist daher nach allgemeiner Meinung unzulässig. Durch die Spende eines mit AIDS Infizierten, die fälschlicherweise negativ getestet wurde, erkrankten mehrere Personen an HIV und verstarben.

Urteil: Der frühere **Geschäftsführer** und der **nebenamtliche Kontrollleiter** wurden deshalb vom LG Koblenz zu einer Freiheitsstrafe von vier Jahren, der ehemalige **Laborarzt** zu einer Freiheitsstrafe von drei Jahren und die ausführende **pharmazeutisch-technische Angestellte** zu einer Freiheitsstrafe von zwei Jahren auf Bewährung verurteilt.

Beispiel „Blutplasma-Fall"

Der Göttinger-Blutarzt-Fall[65]

Tathergang: Um seinen Gewinn zu erhöhen, testete ein Göttinger Laborarzt Blutspenden nur unzureichend auf HIV. In der Folge wurden 14 Menschen mit HIV infiziert und einige davon starben an AIDS.

Anklage: Der Arzt wurde wegen dreifachen Mordes und versuchten Mordes in 5.800 Fällen angeklagt, da die Staatsanwaltschaft das Mordmerkmal der Habgier erfüllt sah.

Urteil: Das LG Göttingen verurteilte den Angeklagten dagegen „lediglich" wegen Körperverletzung mit Todesfolge zu einer Freiheitsstrafe von sechseinhalb Jahren. Als Grund dafür ist hauptsächlich die Tendenz in der Rechtsprechung zu sehen, an den Nachweis des Tötungsvorsatzes äußerst hohe Anforderungen zu stellen.

Beispiel „Göttinger-Blutarzt-Fall"

---

[64] Eichinger, Die strafrechtliche Produkthaftung im deutschen im Vergleich zum anglo-amerikanischen Recht, 1997, S. 8 ff.
[65] Eichinger, Die strafrechtliche Produkthaftung im deutschen im Vergleich zum anglo-amerikanischen Recht, 1997, S. 8 ff.

2. Die wichtigsten Normen des Produktstrafrechts

Normen des Produktstrafrechts

Ein eigentliches Produkthaftungsstrafrecht im Sinne eines geschlossenen Nebenstrafrechts gibt es nicht. Nur vereinzelt existieren spezielle Straftatbestände, die sich konkret mit Produktfehlern beschäftigen.

Beispiele

> **Beispiele:** Arzneimittelgesetz, Lebensmittelgesetz, Medizinproduktgesetz etc.

Somit gelten die Vorschriften des besonderen Teils des StGB; davon werden insbesondere folgende relevant:

Strafnorm	Bedeutung	Bemerkung
§ 211 StGB	Mord	Nur bei vorsätzlicher Tötung denkbar
§ 212 StGB	Totschlag	
§ 222 StGB	Fahrlässige Tötung	Vgl. sog. „Zwischenstecker-Fall"[66]
§§ 223 ff StGB	Vorsätzliche Körperverletzungsdelikte	Vgl. sog. „Göttinger Blutarzt-Fall"[67]
§ 229 StGB	Fahrlässige Körperverletzung	Vgl. sog. „Holzschutzmittel-Fall"[68]
§ 303 StGB	(Vorsätzliche) Sachbeschädigung	Selten

---

[66] Vgl. oben S. 51.
[67] Vgl. oben S. 55.
[68] Vgl. oben S. 53.

3. Unterlassungs- oder Begehungsdelikt

Grundsätzlich sind nur Delikte durch positives Tun per se **strafbar**. Um ein Unterlassen bestrafen zu können, muss

Unterlassungs- oder Begehungsdelikte

- dies entweder *ausdrücklich* vom Gesetz vorgesehen sein (**echtes Unterlassungsdelikt**), wie zum Beispiel die unterlassene Hilfeleistung (§ 323c StGB)

- oder aber eine so genannte *Garantenstellung* vorliegen (§ 13 StGB; **unechtes Unterlassungsdelikt**), wie etwa eine Körperverletzung durch Unterlassen einer gebotenen Handlung.

Wichtig ist die Unterscheidung in positives Tun und Unterlassen deswegen, weil Unterlassen - wie bereits erwähnt - nur bei Bestehen einer *Garantenpflicht* (bzw. bei echten Unterlassungsdelikten) strafbar ist.

Die **Abgrenzung** richtet sich nach dem **Schwerpunkt** des strafrechtlich relevanten Verhaltens.[69]

Beispiel 1:	Im *„Holzschutzmittel-Fall"*[70] bestand das vorgeworfene Verhalten im Unterlassen des Rückrufs, nachdem die Schadensmeldungen gehäuft auftraten.
Beispiel 2:	Auch im *„Göttinger Blutarzt-Fall"*[71] lag ein Unterlassen ordnungsgemäßer HIV-Tests vor.

Beispiele

---

[69] Dabei ist in der Rechtsprechung die Tendenz zu beobachten, sich weit häufiger auf die Einstufung als Unterlassung zurückzuziehen, was im Zweifel zu einer Begrenzung der Strafbarkeit führt (Erfordernis einer Garantenstellung!).
[70] Vgl. oben S. 53.
[71] Vgl. oben S. 55.

4. Ursächlichkeit

Ursächlichkeit

Das Unterlassen (beim Unterlassungsdelikt) beziehungsweise das positive Tun (beim Begehungsdelikt) müssen für den Eintritt des tatbestandlichen Erfolgs ursächlich gewesen sein.

Einfach formuliert: Wäre der Erfolg auch eingetreten, wenn das vorgeworfene Verhalten nicht geschehen wäre beziehungsweise wenn das geforderte Verhalten eingetreten wäre? Wenn nein, liegt Ursächlichkeit vor.

Nachweis der Kausalität

Dabei stellt die Rechtsprechung im Rahmen des Produkthaftungsstrafrechts keine allzu hohen **Anforderungen an den Nachweis der Kausalität**.

Beispiel

Beispiel:[72] Im so genannten *Lederspray-Fall des BGH* verursachte ein Lederspray gesundheitsschädliche Wirkungen bei Anwendern.

Mehrere Geschäftsführer und leitende Angestellte hatten sich strafrechtlich zu verantworten, weil sie es unterließen, das erkennbar gefährliche Produkt zurückzurufen und es stattdessen weiter vertrieben.

Hier ließ es der *BGH* ausreichen, dass feststand, dass ein Lederspray an sich Lungen-Schäden beim Einatmen verursachte. Warum dies so war, musste nach Ansicht des Gerichts nicht weiter aufgeklärt werden.

Es reicht somit aus, wenn externe Schadensursachen mit nachvollziehbaren Argumenten mit an Sicherheit grenzender Wahrscheinlichkeit ausscheiden. Selbst bei wissenschaftlich noch umstrittenen (aber überwiegend wahrscheinlichen) Verursachungszusammenhängen kann die strafrechtliche Verantwortlichkeit bejaht werden.

---

[72] BGH NJW 1990, 2560 ff.

5. Vorsatz oder Fahrlässigkeit

Strafbar ist grundsätzlich nur vorsätzliches Verhalten, es sei denn, das Gesetz stellt ausdrücklich die fahrlässige Begehung unter Strafe, § 15 StGB.

Vorsatz oder Fahrlässigkeit

> **Beispiel:** So sind zum Beispiel die Tötung oder die Verletzung eines Menschen auch bei Fahrlässigkeit strafbar (§§ 222, 229 StGB), nicht aber etwa eine fahrlässige Sachbeschädigung (§ 303 StGB).

Beispiel

Für die Bejahung des **Vorsatzes** reicht dabei in der Regel schon so genannter **bedingter oder Eventualvorsatz (dolus eventualis)** aus:[73] Der Täter muss die Tatbestandsverwirklichung weder anstreben noch für sicher halten; er muss sie nur **für möglich erachten und billigend in Kauf nehmen**.

Vorsatz

- **Faustformel**: „Na wenn schon…"

Praxistipp

In solchen Fällen kann auch **bewusste Fahrlässigkeit** in Betracht kommen: Nach der Rechtsprechung liegt diese vor, wenn der Täter mit der als möglich erkannten Folge nicht einverstanden ist und deshalb **auf ihr Ausbleiben vertraut**.

Bewusste Fahrlässigkeit

- **Faustformel**: „Es wird schon nichts passieren."

Praxistipp

---

[73] Tröndle / Fischer, Strafgesetzbuch, 50. Auflage, Verlag C. H. Beck, München 2001, § 15, Rn. 9.

6. Objektive Verletzung einer Sorgfaltspflicht

Sorgfaltspflicht und Garantenstellung

Voraussetzung für eine Strafbarkeit ist stets die **Verletzung einer Sorgfaltspflicht**. Beim unechten Unterlassungsdelikt muss zudem eine so genannte **Garantenstellung** vorliegen (§ 13 StGB).

Beispiele

Beispiel 1: So begründete der BGH die Garantenstellung im *Lederspray-Fall*[74] mit einem gefährdenden Vorverhalten der Angeklagten (so genannte *Ingerenz*), welches darin bestand, das gefährliche Spray auf den Markt zu bringen. Die Pflichtwidrigkeit ergab sich für das Gericht schlicht aus der Pflicht eines Herstellers, seine Käufer bei ordnungsgemäßer Benutzung des Produkts keiner Schädigung auszusetzen.

Beispiel 2: Die Garantenstellung im *Blutplasma-Fall*[75] ergab sich aus der ärztlichen Berufspflicht, dem Patienten hinreichende Sicherheit bei Untersuchungen zu gewähren.

Beispiel 3: Im *Contergan-Fall*[76] bestand eine Pflicht zum Rückruf infolge der zivilrechtlichen Produktbeobachtungspflicht; die Garantenstellung folgte erneut aus dem Inverkehrbringen eines gefährlichen Arzneimittels.

Strafrecht

Inwieweit **zivilrechtliche Sorgfaltspflichten auf das Strafrecht übertragbar** sind, kann nicht generell beantwortet werden. Dennoch decken sich die Pflichten meist in weiten Zügen.

---

[74] Vgl. BGH NJW 1990, 2560 ff.
[75] Eichinger, die strafrechtliche Produkthaftung im deutschen im Vergleich zum angloamerikanischen Recht, 1997, S. 8 ff.
[76] Vgl. oben S. 52.

Zivilrechtliche Sorgfaltspflichten (auch Verkehrssicherungspflichten genannt) entstammen im Bereich der Produkthaftung folgenden Gebieten:

Verkehrssicherungspflichten

- **Konstruktion**: Produktentwicklung
- **Fabrikation**: Produktherstellung
- **Instruktion**: Hinweise, Bedienungsanleitungen, Warnungen
- **Produktbeobachtung**: Überwachung des Produkts im Verkehr
- **Organisation**: Pflicht der handelnden Organe, organisatorisch alles dafür zu tun, dass eben genannte Bereiche ordentlich bearbeitet werden.

Praxistipp

Auch die **Bedeutung technischer Regelwerke** ist nicht zu unterschätzen:

Beispiel:[77] Der Angeklagte ist Geschäftsführer eines Landhandels. Zur Bekämpfung von Ungeziefer wurde in diesem Landhandel eine Begasungsaktion von Silos durchgeführt.

Dabei starben drei Menschen, die in einem an das Silo angebauten, kleineren Gebäude wohnten, aufgrund von Vergiftungen.

Urteil: Der Angeklagte wurde wegen fahrlässiger Tötung verurteilt.

Gründe: Der Angeklagte war als Geschäftsführer für den technischen Ablauf des Landhandels verantwortlich. Die Lieferantin des Landhandels hatte in einem Einschreibebrief auf die **beigefügten Anwendungsvorschriften** hingewiesen und hervorgehoben, dass alle angrenzenden Räume nicht als Wohn- oder Arbeitsraum dienen dürfen.

Beispiel

---

[77] Johannsen/ *Krieshammer*, Was der Qualitätsmanager von Recht wissen muss, Tüv Verlag, Köln 1997, S. 234 ff.

Der Einschreibebrief wurde in Abwesenheit des Angeklagten zugestellt und zu den Akten gelegt, der Angeklagte sah sich auch die Anwendungsvorschriften nicht näher an.

Das Gericht folgerte aus den **mitversandten technischen Regelwerken** Sorgfaltspflichten, die der Angeklagte einzuhalten unterließ.

Tipp: Dies bedeutet, dass bei jeder gefährlichen Maßnahme im Einzelfall zu prüfen ist,

- welche technischen Regelwerke[78] einschlägig sind,
- ob diese geeignet sind, alle auftretenden Risiken zu beherrschen und
- welche zusätzlichen Maßnahmen ggf. zu ergreifen sind.

Inhaltliche Begrenzung

Sorgfaltspflichten sind **inhaltlich** aber sehr wohl auch **begrenzt**; dies folgt aus der Erwägung, dass die Allgemeinheit bereit ist, die Vorteile industrieller Massenproduktion in Anspruch zu nehmen, weshalb sie vernünftigerweise auch nicht die totale Produktsicherheit erwarten kann, schon gar nicht im Sinne einer „Narrensicherheit".[79]

Begrenzung 1:
Eine Strafbarkeit scheidet aus, wenn das Produkt den Vorgaben deliktsrechtlicher *Verkehrspflichten entspricht*.

Praxistipp

- Aber: Bei Auftreten von Schadensfällen in der Folge ist gegebenenfalls ein Rückruf nötig (Folge der Produktbeobachtungspflicht).

---

[78] Insbesondere DI-Normen sind Beispiele für technische Regelwerke.
[79] Tröndle / Fischer, Strafgesetzbuch, 50. Auflage, Verlag C. H. Beck, München 2001, Vor § 32, Rn. 13.

- Die **Produktabnahme durch technische Überwachungsvereine oder Klassifizierungsgesellschaften entbindet** den Hersteller **keineswegs von seiner strafrechtlichen Verantwortlichkeit**.

- Umgekehrt ist die Einrichtung einer selbständigen Kontrollabteilung strafrechtlich nicht geboten.

Begrenzung 2:
Ebenso kann im Rahmen des so genannten *erlaubten Risikos* keine Strafbarkeit entstehen.

Erlaubtes Risiko

- Hat der Hersteller das geforderte Höchstmaß in punkto Konstruktions- und Fabrikationsanforderungen erfüllt, schaden Ausreißer nicht, da diese letztlich unvermeidlich sind.

- Voraussetzung für eine Enthaftung ist aber eine stichprobenhafte Kontrolle der Produkte.

Praxistipp

Begrenzung 3:
Auch die *rollenspezifischen Anforderungen* begrenzen die Strafbarkeit des einzelnen Mitarbeiters. Gemeint ist damit der *Vertrauensgrundsatz gegenüber Dritten*:

Vertrauensgrundsatz gegenüber Dritten

- Weisungsabhängige Arbeitnehmer dürfen auf ordnungsgemäße Weisungen durch Vorgesetzte *grundsätzlich* vertrauen.

- Die Vorgesetzten dürfen sich umgekehrt *grundsätzlich* auch auf die ordnungsgemäße Befolgung ihrer Weisungen durch ihre Untergebenen verlassen.

- Auch auf ordnungsgemäße Arbeiten von Zulieferern darf *grundsätzlich* vertraut werden, sofern diese bereits seit längerem als zuverlässig bekannt sind.

- Ebenso können sich Händler *grundsätzlich* auf die Auslieferung korrekter Produkte verlassen, umgekehrt dürfen Hersteller und Lieferant auf eine ordnungsgemäße Lagerung dieser Produkte beim Händler vertrauen.

Praxistipp

Wer den Schaden hat ...

> • **Dies alles gilt** natürlich **nicht**, wenn im Einzelfall konkrete Anhaltspunkte für ein Fehlverhalten vorliegen; Blauäugigkeit ist also nicht erlaubt.

Warnhinweise

Auch das Unterlassen gebotener **Warnhinweise** ist strafrechtlich relevant (*Instruktionspflicht*): Warnhinweise sind dann angebracht, wenn das Produkt von sich aus gefährlich ist oder ein Missbrauch von einwilligungsunfähigen Personen nahe liegt (insbesondere Kinder).

Praxistipp

> • Je mehr damit zu rechnen ist, dass das Produkt in die Hände sachunkundiger oder der deutschen Sprache nicht mächtiger Personen geraten kann, desto strengere Warn- und Hinweispflichten bestehen (ggf. auch durch Symbole wie Totenköpfe).
>
> • Je gefährlicher ein Produkt ist, desto mehr und genauer muss über seine Wirkungs- und Anwendungsweise informiert werden (z.B. Arzneimittel).
>
> • Vor alltäglichen oder allgemein bekannten Gefahren muss in Deutschland (noch) nicht gewarnt werden (z.B. „Katze nicht zum Trocknen in die Mikrowelle stecken!").

7. Objektive Zurechenbarkeit des Erfolgseintritts

Im Rahmen der objektiven Zurechnung wird gefragt, ob der Verursachungsbeitrag des Täters auch tatsächlich und rechtlich vorwerfbar zum Erfolgseintritt geführt hat, mit anderen Worten, ob sich der tatbestandliche Erfolg im gesetzten Risiko verwirklichte.

Objektive Zurechenbarkeit

Insbesondere darf sich der Schadenseintritt nicht außerhalb des Schutzbereichs der Verkehrssicherungspflicht befinden.

Beispiel: *Zwischenstecker-Fall*: Die VDE-Vorschriften hinsichtlich der Erdung sollen gerade verhindern, dass durch mangelhafte Produkte Menschen durch Stromschläge zu Schaden kommen. Die objektive Zurechnung kann also erfolgen.

Ebenso wichtig kann das Kriterium des eigenverantwortlichen Eingreifens des Opfers selbst sein.[80]

Beispiele: Dies ist insbesondere der Fall, wenn das Opfer das Produkt *vollkommen sachwidrig* benutzt; Voraussetzung ist eine Erfüllung der Instruktionspflicht durch den Hersteller.

Im Gegensatz zum US-amerikanischen Recht wird **in Deutschland** jedoch auf den **verständigen Verbraucher** gesetzt, so dass Bedienungsanleitungen nicht „idiotensicher" gestaltet werden müssen.

Dies gilt grundsätzlich auch dann, wenn dem Hersteller zuverlässig zur Kenntnis kommt, dass sich in der Praxis bestimmte *Missbrauchsformen* seines Produkts häufen (etwa das Schnüffeln von Klebstoff).

---

[80] Tröndle / Fischer, Strafgesetzbuch, 50. Auflage, Verlag C. H. Beck, München 2001, Vor. § 32, Rn. 13.

8. Adressaten des Produktstrafrechts

Jeder einzelne Mitarbeiter

Wie sich aus den Einleitungsfällen ersehen lässt, ist grundsätzlich **jeder einzelne Mitarbeiter** eines Unternehmens **in der produktstrafrechtlichen Schusslinie – völlig unabhängig von der hierarchischen Stellung und vom Einkommen**.

Personenstrafrecht

Das deutsche[81] Strafrecht ist seit je her ein **Personenstrafrecht**. Das bedeutet, dass nur natürliche Personen einer Verurteilung durch Strafgerichte zugeführt werden können. Anders kann dies im Bereich der Ordnungswidrigkeiten sein (vgl. § 30 OWiG).

Daher findet im deutschen Strafrecht eine **Verlagerung der Strafbarkeit** auf die hinter den Gesellschaften und juristischen Personen stehenden Menschen statt. Nur sie sind der Adressat des Produkthaftungsstrafrechts.

Was sich hier einfach anhört, wird durch die **hochgradig arbeitsteilige Praxis** vor enorme **Schwierigkeiten** gestellt: Wer trägt die strafrechtliche Verantwortlichkeit in Betrieben mit mehreren hundert Mitarbeitern? Der Vorstand? Der Geschäftsführer? Der Abteilungsleiter? Die Mitarbeiter der Abteilung? Alle zusammen oder jeder einzeln?

Die **zivilrechtliche Kompetenzverteilung** ist dafür nicht immer exakter Maßstab: Sie verschleiert häufig mehr als sie zur Abgrenzung taugt.[82] Da eine betriebliche Organisationsstruktur den strafrechtlichen Rechtsgüterschutz nicht beeinträchtigen darf, gilt im Strafrecht eine eigenständige organisationsbezogene Betrachtungsweise.

---

[81] Im Ausland kann dies zum Teil anders sein: In machen Staaten gibt es durchaus Unternehmensstrafrecht.
[82] *Kühne*, Strafrechtliche Produkthaftung in Deutschland, NJW 1997, 1951.

Im *Lederspray-Fall* machte der BGH zu diesem Themenkreis wichtige Ausführungen:

> - Danach bleibt eine **Aufteilung der Geschäftsbereiche grundsätzlich ohne Einfluss** auf die Verantwortlichkeit jedes einzelnen Geschäftsführers oder Abteilungsleiters für die Führung des Unternehmens insgesamt.
>
> - Dies gilt jedenfalls dann, wenn eine **besondere Ausnahmesituation das gesamte Unternehmen** und nicht nur den zugeteilten Geschäftsbereich betrifft **(Ressortüberschreitung)** - aufgrund der hohen Haftungssummen gilt dies in der Regel immer im Bereich der Produkthaftung.
>
> - Stellt eine **Entscheidung des Kollegialorgans** selbst eine Pflichtverletzung dar, haftet jeder, der zustimmend daran mitgewirkt hat.
>
> - Dass ein Geschäftsführer allein den Schaden nicht abwenden kann, etwa durch Einleiten einer Rückrufaktion, schadet nicht: Er muss zumindest seinen **ganzen Einfluss geltend machen** und so auf die Einleitung einer Rückrufaktion hinwirken. Macht er dies nicht, bleibt seine strafrechtliche Verantwortlichkeit bestehen, selbst wenn er ohnehin am Widerstand der anderen gescheitert wäre.

Praxistipp

Dabei ist zunächst derjenige Mitarbeiter herauszusuchen, der am nächsten am strafrechtlichen Erfolg stand (**primärer Verstoß**).

primärer Verstoß

Beispiel: So wurden etwa im *Prozess um die Entgleisung des ICE bei Eschede* zuerst zwei Bahningenieure sowie ein Techniker des Radherstellers angeklagt.

Beispiel

Erst danach kommen in einem zweiten Schritt Angestellte in Betracht, welche Auswahl-, Aufsichts- und Kontrollpflichten verletzten (**sekundärer Verstoß**).

sekundärer Verstoß

9. Verhalten gegenüber Ermittlern

Verhalten gegenüber Ermittlern

Zu einer strafrechtlichen Verurteilung kann es erst dann kommen, wenn die Fakten des vorwerfbaren Verhaltens beweisträchtig gesammelt wurden und die Schuld des Angeklagten bewiesen ist (ansonsten Freispruch: **„in dubio pro reo"**). In diesem Zusammenhang hat das **strafrechtliche Ermittlungsverfahren** die Hauptbedeutung.

Ermittlungsverfahren

Sobald die Staatsanwaltschaft Kenntnis vom Verdacht einer Straftat erhält, muss (nicht: kann) sie die Ermittlungen aufnehmen, § 160 I StPO. Sie macht dies mit Hilfe ihrer so genannten Hilfsbeamten, also mit Hilfe der Polizei.

Der Staatsanwaltschaft und der Polizei stehen im Rahmen des Vorverfahrens zahlreiche Maßnahmen zur Durchführung der Ermittlung zu Verfügung, beispielsweise **Durchsuchungen, Beschlagnahmen, Zeugen- und Beschuldigtenvernehmungen**. Einige davon und die wichtigsten Rechte der Betroffenen sollen in der Folge dargestellt werden. Was also ist zu befürchten und welche Rechte bestehen, wenn plötzlich Kriminalpolizei oder Staatsanwaltschaft vor der Tür stehen?

9.1 Pflicht zur Belehrung des Beschuldigten

Vernehmung des Beschuldigten

Die Ermittlungsbeamten sind verpflichtet, den Beschuldigten **vor der ersten Vernehmung** zu belehren. Diese Vernehmung muss nicht unbedingt auf dem Polizeirevier erfolgen, sondern kann beispielsweise auch im Unternehmen geschehen. Die Ermittlungsbehörden müssen dem Beschuldigten **insbesondere** sagen,[83]

---

[83] § 136 StPO.

- welche Tat ihm zur Last gelegt wird und welche Strafvorschriften in Betracht kommen;
- dass er nicht zur Sache aussagen muss;
- dass er jederzeit einen Verteidiger hinzuziehen darf.

Praxistipp

Wird gegen diese Pflicht zur Belehrung **verstoßen**, sind die dadurch erlangten Tatsachen vor Gericht nicht verwertbar – das Gericht darf die Aussage also nicht zu Lasten des späteren Angeklagten berücksichtigen **(Beweisverwertungsverbot)**.

Beweisverwertungsverbot

Hinweise:

- Da eine falsche oder fehlende Belehrung vom späteren Angeklagten zu beweisen ist, sollte der Beschuldigte darauf achten, schon bei Beginn der Ermittlungshandlungen einen möglichst unabhängigen **Zeugen beizuziehen** (etwa eine Sekretärin).
- Der Beschuldigte sollte **gezielt danach fragen**, ob er Beschuldigter ist und was ihm zur Last gelegt wird.

Praxistipp

9.2 Aussageverweigerungsrecht des Beschuldigten

Nach alter **Strafverteidigerweisheit** ist ein Freispruch nur mit Schweigen zu erzielen.

Aussageverweigerungsrecht

Obwohl diese Weisheit nicht immer zutrifft, sollte die Entscheidung darüber dem Verteidiger überlassen werden. Der Beschuldigte ist **nur verpflichtet, die notwendigsten Angaben zur Person zu machen**:

Beispiel:[84] Vor-, Familien- und Geburtsname, Geburtsort und -tag, Familienstand, Beruf, Wohnort und Wohnung, Staatsangehörigkeit

Nicht: Vorleben, Werdegang, berufliche Ausbildung, familiäre und wirtschaftliche Verhältnisse, Vorstrafen – dies alles gehört bereits zur Vernehmung zur Sache!

Beispiel

---

[84] § 111 OWiG.

Hinweise: Der beschuldigte Unternehmer

Praxistipp

- darf unverzüglich seinen Verteidiger anrufen,
- darf die Aussage verweigern,
- muss nur Angaben zur Person machen – im Ergebnis also nur über das, was im Personalausweis steht.

9.3 Zeugnisverweigerungsrecht von Zeugen

Zeugnisverweigerungsrecht

Angehörige

Aber nicht nur Beschuldigte haben das Recht zur Aussageverweigerung, auch Zeugen können in bestimmten Fällen das Zeugnis verweigern. So müssen etwa **Angehörige** des Beschuldigten nicht zur Sache aussagen.[85]

Beispiele

Beispiele: Verlobte, Ehegatten (auch nach der Scheidung), Verwandte und Verschwägerte in gerader Linie (in der Seitenlinie nur bei Verwandtschaft bis zum dritten und bei Schwägerschaft bis zum zweiten Grad), Minderjährige ohne die notwendige Verstandesreife (in der Regel bis zum 7. Lebensjahr)

Bestimmte Berufsgruppen

Ebenso sind manche **Berufsgruppen** zur Zeugnisverweigerung berechtigt.[86]

Beispiele

Beispiele: Geistliche, Verteidiger und Rechtsanwälte, Steuerberater, Ärzte, Psychologen etc.
Auch: Berufshelfer dieser Berufsgruppen, etwa Rechtsanwaltsgehilfinnen, Dolmetscher, Krankenschwestern.

Selbstbelastung

Sehr wichtig ist auch das Auskunftsverweigerungsrecht für Zeugen, denen aufgrund ihrer Auskunft die **Gefahr** droht, **selbst strafrechtlich verfolgt zu werden.**[87]

---

[85] § 52 StPO.
[86] § 53 StPO.
[87] § 55 I StPO.

Beispiele: Der Kripo-Beamte kommt und fragt: „Könnten Sie uns einige Informationen zum Sachverhalt geben – Sie sind aber nicht Beschuldigter..." Sollte der Befragte hier eine strafrechtliche Verfolgung befürchten müssen – etwa weil er einen Produktfehler mit verursacht hat – muss er nicht aussagen und sich dadurch selbst belasten.

Ein Zeuge, der sich mit seiner Aussage selbst belasten würde, ist **vor der Aussage** ausdrücklich auf sein Auskunftsverweigerungsrecht **hinzuweisen**.[88] Geschieht dies nicht, sind alle Angaben, die daraus resultieren, in einem späteren Gerichtsverfahren gegen den ehemaligen Zeugen nicht verwertbar **(Beweisverwertungsverbot)**.

Hinweise:

- Wer unter eine der genannten Personengruppen fällt, kann **Angaben zur Sache verweigern**.
- Auch Zeugen dürfen sich **anwaltlich beraten** lassen – daher können sie Angaben zur Sache verweigern, solange sie nicht mit ihrem Anwalt gesprochen haben.

9.4 Unerlaubte Vernehmungsmethoden

Maßnahmen, welche die Willensfreiheit des Beschuldigten über Gebühr beeinträchtigen, sind verboten.[89]

Beispiele: Misshandlung, Ermüdung, körperliche Eingriffe, Verabreichung von Mitteln, Quälerei, Täuschung und Hypnose.

Kriminalistische List ist keine Täuschung und daher erlaubt. Sie besteht darin, dem Beschuldigten Fangfragen zu stellen und doppeldeutige Erklärungen abzugeben; falsche Angaben über Rechtsfragen und das bewusste Vorspiegeln und Entstellen von Tatsachen ist aber eine verbotene Täuschung; Verschweigen von Tatsachen ist aber wieder kriminalistische List.[90]

---

[88] § 55 II StPO.
[89] § 136a I StPO.
[90] BGH NStZ 1997, 251.

Hinweise:

> - Da die Abgrenzung zwischen erlaubt und unerlaubt sehr schwammig ist, kann es für den Beschuldigten sinnvoll sein, sich **überhaupt nicht** auf entsprechende Fragen **einzulassen**.
>
> - Er kann die **Aussage verweigern** und auf das Eintreffen seines **Verteidigers** warten.

9.5 Verhalten bei Durchsuchungen

Aus der Sicht des potentiellen Schadensverursachers mag es dabei positiv sein, sich kooperativ zu verhalten; eine Blockade der Ermittlungen muss nicht unbedingt zu besonderer Rücksichtnahme seitens der Ermittlungsbehörden führen. Andererseits ist natürlich kein Beschuldigter verpflichtet, zu seiner eigenen Belastung beizutragen. Im Übrigen ist auch darauf zu achten, ob die **„Formalien" der Durchsuchung** gewahrt wurden:[91]

Durchsuchungen

Praxistipp

> - Durchsuchungen müssen **richterlich angeordnet** sein. Die **Staatsanwaltschaft** darf eine Durchsuchung **nur bei Gefahr im Verzug** anordnen – Gefahr im Verzug liegt dann vor, wenn die richterliche Anordnung nicht abgewartet werden kann, ohne dass der Durchsuchungszweck gefährdet wird.
>
> - Die richterliche Durchsuchungsanordnung muss **immer schriftlich** vorliegen (Durchsuchungsbeschluss).
>
> - Die **Straftat**, wegen der durchsucht wird, muss **bezeichnet** werden; grundsätzlich müssen auch tatsächliche Angaben zum Inhalt des Tatvorwurfs gemacht werden.
>
> - **Zweck und Ziel der Durchsuchung** (Ergreifung eines Beschuldigten oder Auffinden von Beweismitteln oder Spuren) sind ebenso anzugeben wie das **Ausmaß der Durchsuchung** (welche Räume sollen durchsucht werden?).
>
> - Der Beschuldigte selbst muss **nicht unbedingt** in den Räumen **anwesend** sein.

---

[91] Kleinknecht/ *Meyer-Goßner*, Strafprozessordnung, 45. Auflage, Verlag C. H. Beck, München 2001, § 105, Rn. 1 ff.

> - **Ohne** Beisein des Richters oder der Staatsanwaltschaft muss die Polizei bei Durchsuchungen stets **Zeugen zuziehen** – ein Gemeindebeamter oder zwei Mitglieder der Gemeinde (meist Nachbarn!).[92]
> - **Nächtliche Durchsuchungen** von Geschäftsräumen sind **nur** bei Verfolgung auf frischer Tat oder bei Gefahr im Verzug zulässig.[93]

Praxistipp

Hinweise: Der Beschuldigte

> - darf bei Durchsuchungen **sofort seinen Verteidiger beiziehen**,
> - sollte darauf achten, ob die **Formalien der Durchsuchung** eingehalten werden und
> - sollte mit seinem Verteidiger **überlegen**, ob eine **Kooperation** mit den Ermittlungsbehörden sinnvoll ist.

Hinweise

9.6 Sonstiges

Es gibt noch zahlreiche weitere Einzelheiten, welche im Rahmen eines Ermittlungsverfahrens zu beachten sind. Die Darstellung hier beschränkte sich aus Platzgründen auf das absolut Notwendige, soll aber keinesfalls abschließend sein.

Aufgrund der Fülle von beachtenswerten Punkten ist es stets am besten, sofort seinen Verteidiger beizuziehen.

---

[92] Dies gilt dann nicht, wenn eine Beiziehung nicht möglich ist – unmöglich ist sie auch schon dann, wenn der eintretende Zeitverlust den Durchsuchungserfolg vereiteln würde. Will der Beschuldigte beispielsweise seine Nachbarn nicht „zusehen" lassen, kann er auf die Beiziehung von Zeugen verzichten.
[93] Von April bis September beginnt die Nachtzeit um 21 Uhr und endet schon um 4 Uhr früh; von Oktober bis März endet sie dagegen erst um 6 Uhr früh.

Kapitel 17: Die zivilrechtliche Haftung von Mitarbeitern in Produkthaftungsfällen

Beispiel

Auf derselben Betriebsversammlung fragt sich der Mitarbeiter Janis Jäger, ob er neben der strafrechtlichen Haftung als Mitarbeiter eventuell auch noch befürchten müsse, den Schaden aus eigener Tasche ersetzen zu müssen. Der Versammlungsleiter versucht das Thema mit dem Hinweis vom Tisch zu wischen, dass Mitarbeiter für Produktfehler niemals in die Haftung genommen werden könnten – schließlich verdienten sie an dem Produkt selbst ja auch nichts.

Jeder Mitarbeiter kann mit seinem Privatvermögen haften

Weit verbreitet ist der **Irrglaube**, dass ausschließlich das Unternehmen selbst wegen Produktmängeln hafte. Das Gegenteil ist der Fall: **Jeder Mitarbeiter**, der für Produktmängel verantwortlich ist, kann gegebenenfalls **mit seinem gesamten privaten Vermögen haften**.[94] Und das nicht nur intern gegenüber dem Arbeitgeber, sondern vor allem auch extern gegenüber dem Geschädigten.

Begriff der „Mitarbeiter"

Der **Begriff der „Mitarbeiter"** wird hierbei in einem sehr weiten Sinn verwendet: Er umfasst Vorstandsmitglieder und Geschäftsführer ebenso wie sonstige Leitende Angestellte und „einfache" Mitarbeiter.

1. Vertragliche Haftung

1.1 Haftung gegenüber dem Geschädigten

Haftung gegenüber dem Geschädigten

Eine vertragliche Haftung kann Vorstandsmitglieder, Geschäftsführer, Leitende Angestellte und sonstige Mitarbeiter eines Unternehmens **nicht treffen**. Der Grund ist einfach: Sie selbst schließen mit dem Geschädigten niemals einen Vertrag im eigenen Namen ab. **Anders** sieht es bei Inhabern einer Einzelfirma, bei Gesellschaftern einer GbR oder bei Komplementären einer OHG oder KG aus – diese sind aber auch der Unternehmensträger, mit dem die Verträge abgeschlossen werden.[95]

---

[94] Wie in Kapitel 16 gesehen, steht daneben die persönliche Freiheit auf dem Spiel, sofern beispielsweise schuldhaft eine Körperverletzung oder gar Tötung verursacht hat.
[95] Scherer/Haas/Beyer, Gesellschaftsrecht I: Personengesellschaften, 1999, S. 71 ff.

1.2 Haftung gegenüber dem Arbeitgeber

Unter Umständen kann es aber zu einer Haftung gegenüber dem Unternehmen kommen: Verursacht ein Mitarbeiter einen Produktfehler und wird deshalb sein Arbeitgeber vom Geschädigten in Anspruch genommen, hat der Arbeitgeber oftmals ein Interesse daran, zumindest einen Teil seines Schadens beim Arbeitnehmer[96] wieder ersetzt zu bekommen.

Haftung gegenüber dem Arbeitgeber

Dies ist grundsätzlich auch möglich, weil jede (!) fahrlässige oder vorsätzliche Verursachung eines Produktfehlers eine Verletzung des Arbeitsvertrags bedeutet, welche nach § 280 I BGB schadensersatzpflichtig macht.

> Die Formel, wonach der Arbeitnehmer nur für grob fahrlässig verursachte Schäden haftet, ist also schlicht **falsch**.

Praxistipp

Da es aber ungerecht sein kann, einen Arbeitnehmer für jeden Fehler haften zu lassen, erdachte das Bundesarbeitsgericht (BAG) den so genannten **innerbetrieblichen Schadensausgleich**, nach dem ein gerechter Interessenausgleich zwischen Arbeitgeber und Arbeitnehmer versucht wird. Dahinter steht der Gedanke, dass es unfair ist, dem Arbeitnehmer in allen Fällen die volle Haftung aufzuerlegen, obwohl er keinerlei unternehmerische Chancen hat.

Innerbetrieblicher Schadensausgleich

Deshalb besteht nach den Grundsätzen des innerbetrieblichen Schadensausgleichs **dem Arbeitgeber gegenüber** bei betrieblicher Schadensveranlassung eine abgestufte Haftung, welche nachfolgend tabellarisch dargestellt ist:[97]

---

[96] Hinweis: Dies gilt <u>nur</u> im Rahmen von Arbeitsverträgen, nicht etwa auch bei Vorstandsmitgliedern einer AG!

[97] Holbeck / Schwindl, Arbeitsrecht, 3. Auflage, Luchterhand Verlag 2001, Rn. 534 ff.

Grad des Verschuldens	Folge für die Haftung
Leichteste Fahrlässigkeit[98]	**Keine Haftung des Arbeitnehmers**
Normale Fahrlässigkeit[99]	**Schadensquotelung** Arbeitgeber und Arbeitnehmer tragen den Schaden zusammen, wobei die Anteile im Einzelfall nach dem Verschuldensgrad festgelegt werden.
Grobe Fahrlässigkeit[100]	**Regelmäßig allein der Arbeitnehmer** Eine Schadensteilung findet nur ausnahmsweise statt, wenn der Verdienst des Arbeitnehmers zum Schaden in einem deutlichen Missverhältnis steht.
Vorsatz[101]	**Immer der Arbeitnehmer** Hier ist eine Privilegierung des Arbeitnehmers nicht mehr gerechtfertigt.

Freistellungsanspruch

Da der Arbeitnehmer intern, also gegenüber dem Arbeitgeber, auch nur beschränkt haftet, kann es unter Umständen zu einem **Freistellungsanspruch gegen den Arbeitgeber** kommen, sofern der Arbeitnehmer von Dritten nach § 823 I BGB[102] in Anspruch genommen wird.

Würde der Arbeitnehmer für ein und denselben Fehler also im Innenverhältnis zum Arbeitgeber wegen der Grundsätze des innerbetrieblichen Schadensausgleichs nicht oder nur beschränkt haften, kann er in diesem Umfang einen Anspruch gegen den Arbeitgeber haben, ihn von seiner Haftung gegenüber Dritten freizustellen. Folglich sind Freistellungsansprüche in der Regel nicht möglich, wenn der Arbeitnehmer vorsätzlich oder grob fahrlässig handelte.

---

[98] Faustformel: „Das kann jedem mal passieren.".
[99] Zwischenform: Mehr als leicht fahrlässig, weniger als grob fahrlässig.
[100] Faustformel: „Das darf eigentlich nicht passieren.".
[101] Schon, wenn der Arbeitnehmer den Schaden für möglich hält, sich aber dennoch damit abfindet oder den Schadenseintritt billigt.
[102] Vgl. dazu Ziffer 2.

2. Deliktische Haftung nach § 823 I BGB

Weitaus interessanter ist aber die Frage, ob Mitarbeiter auch gegenüber dem Geschädigten direkt haften.

Die Antwort ist einfach: Jeder Mitarbeiter haftet in seinem Verantwortungsbereich für Pflichtverletzungen, sofern ihm dafür ein Verschulden nachgewiesen wird, § 823 I BGB.

Die **Beweislastumkehr**, die der BGH im *Hühnerpest-Fall* statuierte,[103] gilt grundsätzlich **nicht** zu Lasten von Mitarbeitern des Unternehmens.

Auch wird vielfach von **Durchgriffshaftung** gesprochen. Dieser Begriff sollte dabei aber nur im weitesten Sinne gebraucht werden. Gemeint ist damit allgemein, dass ein Geschädigter nicht (nur) gegen seinen unmittelbaren Vertragspartner (insbesondere also gegen juristische Personen wie AG oder GmbH), sondern gegen dessen Organe und Mitarbeiter vorgehen kann.

Durchgriffshaftung

Im Schrifttum wurden gelegentlich **Zweifel an der Rechtfertigung** einer Haftung von Mitarbeitern eines Unternehmens geäußert.[104] Argumentiert wurde damit, dass der einzelne Mitarbeiter betriebsintern auch nur nach den Grundsätzen über den innerbetrieblichen Schadensausgleich hafte und dass er, anders als der Unternehmer, nicht am Gewinn beteiligt sei und somit nur das Risiko trage.

Dies erkannte die Rechtsprechung aber nicht an: Deliktisch haftet nun einmal, wer schuldhaft eigene Pflichten verletzt. Der innerbetriebliche Schadensausgleich gilt - wie der Name schon sagt - nur betriebsintern. Denkbar ist in bestimmten Fällen allenfalls ein **Freistellungsanspruch gegen den Arbeitgeber**, wenn der Arbeitnehmer nicht grob fahrlässig oder vorsätzlich handelte.[105]

---

[103] Vgl. *Scherer/ Friedrich/ Schmieder/ Koller*, Wer den Schaden hat..., Band 1, rtw medien Verlag, Deggendorf 2003, Kapitel 3, Ziffer 9.
[104] *Mertens*, AcP 178, 227; *Lieb*, JZ 1976, 526.
[105] Vgl. oben Ziffer 1.2.

Innerbetrieblicher Schadensausgleich

Zu bedenken ist auch, dass der **innerbetriebliche Schadensausgleich nur für den Bereich des Arbeitsrechts** Geltung hat: Vorstandsmitglieder oder Geschäftsführer fallen aber überhaupt nicht unter das Arbeitsrecht.

Schuldvorwurf gegen einen Mitarbeiter

Allgemein kann der **Schuldvorwurf gegen einen Mitarbeiter** aber nicht so leicht erhoben werden wie gegen das Unternehmen beziehungsweise die Geschäftsführung. Denn im deutschen Recht wird jedem grundsätzlich nur der Standard seines Berufskreises oder seiner Altersgruppe abverlangt:

Es muss daher geprüft werden, ob für einen ordentlichen und gewissenhaften Angehörigen des jeweiligen Berufskreises etwaige Gefahren und die Notwendigkeit vorsorgender Maßnahmen erkennbar waren.[106]

Beispiel: Von untergeordneten Mitarbeitern kann damit etwa nicht verlangt werden, dass sie den Stand und die Ergebnisse der für ihre Arbeit einschlägigen wissenschaftlichen Diskussion kennen.

Daher kann abschließend gesagt werden, dass die **Chancen auf einen Klageerfolg sinken, je weiter man in der Hierarchie „nach unten klagt"**. Die speziellen Anforderungen an Mitarbeiter eines Unternehmens werden in der Folge kurz aufgezeigt.

---

[106] Garthe / Pfister / *Kullmann*, Handbuch Produzentenhaftung, Verlag Schmidt, Berlin, Losebl. Ausgabe 3210, S. 4.

3. Die Haftung von Vorständen und Geschäftsführern für Produktfehler

Der **Vorstand** eines Unternehmens haftet für ihm anzulastende Pflichtverletzungen auch persönlich. In Betracht kommen als Sorgfaltspflichten hier dieselben, die auch das Unternehmen treffen.

Haftung von Vorständen und Geschäftsführern

- Die Mitglieder des Vorstandes trifft die **Gesamtverantwortung** für das Unternehmen; da sie dabei aber viele Pflichten delegieren, begründet sich ihre Haftung hauptsächlich auf **Organisationsverschulden** (mangelnde Überwachung), welches dann zu Konstruktions-, Fabrikations-, Instruktions- oder Produktbeobachtungsfehlern führt.[107]

- Hinzu tritt die **Verantwortlichkeit für konkrete Entscheidungen oder Unterlassungen**, die sich auf die Produktsicherheit auswirken; so kann trotz Delegation der Aufgaben die Generalverantwortung in Krisen- und Ausnahmesituationen wieder aufleben und zu einer Intervention verpflichten.[108]

Praxistipp

Beispiel:[109] Im so genannten *Lederspray-Fall*[110] wäre eine frühzeitige Intervention der führenden Mitarbeiter erforderlich gewesen, auch wenn noch nicht festgestellt worden war, welcher toxische Wirkstoff für die Schadensfälle verantwortlich war.

Beispiel

Zwar müssen **zivilrechtliche und strafrechtliche Pflichten** nicht identisch sein (vgl. 2.1). In der Regel kann aber gesagt werden, dass eine strafrechtliche Pflicht stets auch eine zivilrechtliche ist, da das Strafrecht ohnehin engere Maßstäbe ansetzt; das bedeutet aber auch, dass zivilrechtliche Pflichten noch viel weiter gehen können.

---

[107] BGH WM 1996, 2240.
[108] Westphalen/ Bandrecht / Aspelin / *Foerste*, Produkthaftungshandbuch, Band 1, Verlag C. H. Beck, München 1997, Rn. 221.
[109] Vgl. oben Kapitel 16 Ziffer 4.
[110] BGHSt 37, 106.

Bei mehrköpfigen Geschäftsleitungen ist wie folgt zu unterscheiden:[111]

Praxistipp

- Gesellschafter einer *Personengesellschaft* haften auch ohne eigene Pflichtverletzung für Pflichtwidrigkeiten ihrer Mitgesellschafter, wenn diese sich als Vertragsverletzungen der Gesellschaft darstellen (§ 128 HGB direkt oder bei der GbR dem Rechtsgedanken nach).

- Vorstandsmitglieder einer *Aktiengesellschaft* und Geschäftsführer einer *GmbH* haften dagegen nur bei eigenen Pflichtverletzungen.

Tipp: Sinnvoll ist die Haftungsabgrenzung durch Ressortverteilung (**haftungsbeschränkende Delegation**), bei der es zu einer Übertragung von Verkehrssicherungspflichten kommt.

Praxistipp

- Voraussetzung ist nur die **tatsächliche Übernahme dieser Pflichten**; die Vereinbarung braucht nicht wirksam zu sein und bedarf keiner Form.[112]

- Um haftungsbeschränkend zu wirken, muss die Delegation aber **ordnungsgemäß organisiert** sein, insbesondere muss die **Überwachung der neuen Ressortleiter** sichergestellt sein.

Aber: Die Pflicht zur Einmischung entsteht auch bei ordnungsgemäßer Delegation dann wieder, wenn Probleme ersichtlich werden:

Praxistipp

- Überarbeitung des Ressortleiters

- Mangelnde Fähigkeiten

- Ausufern einer Krisensituation über eine Abteilung hinaus

- Betroffenheit des gesamten Unternehmens

---

[111] Westphalen/ Bandrecht / Aspelin / *Foerste*, Produkthaftungshandbuch, Band 1, Verlag C. H. Beck, München 1997, Rn. 222.

[112] Westphalen/ Bandrecht / Aspelin / *Foerste*, Produkthaftungshandbuch, Band 1, Verlag C. H. Beck, München 1997, Rn.224 f..

Eine **Gefahrsteuerung** ist Geschäftsführern **auf vier Ebenen** möglich; auf jeder dieser Ebenen bestehen Verkehrssicherungspflichten, zumindest als Hinwirkungspflichten:[113]

Ebene 1: Initiierung einer Gremienentscheidung

Tauchen im Unternehmen Probleme auf, die ressortüberschreitende Wirkung haben, muss der zuständige Geschäftsführer oder das zuständige Vorstandsmitglied auf eine Gremiensitzung und -entscheidung hinwirken.

> **Beispiel:** Schadensfälle im Produktionsbereich, die aufgrund der haftungsrechtlichen Situation das ganze Unternehmen betreffen können.

Ebene 2: Beratung des Führungsgremiums

Geschäftsführer oder Ressortleiter haben den Vorstand bei der Entscheidungsfindung sachlich zu beraten, das heißt, sie müssen die Entscheidungsgrundlagen umfassend aufarbeiten.

Ebene 3: Abstimmung im Gremium

Diejenigen Führungskräfte, die im Gremium gegen eine gebotene Gefahrsteuerung (etwa gegen eine gebotene Rückrufaktion) stimmen oder eine Zustimmung aus anderen Gründen schuldhaft unterlassen, haften für den eintretenden Schaden als Mittäter (§ 830 I 1 BGB).

Gegebenenfalls ist auch Überzeugungsarbeit nötig, wenn ein Mitglied des Gremiums über besondere Sachkenntnisse verfügt.

Ebene 4: Reaktion auf falsche Mehrheitsentscheidung

Wird eine objektiv falsche Entscheidung getroffen, sind die Mitglieder, die richtig abgestimmt haben, deswegen noch nicht aus ihrer Verantwortlichkeit entlassen.

---

[113] Westphalen/ Bandrecht / Aspelin / *Foerste*, Produkthaftungshandbuch, Band 1, Verlag C. H. Beck, München 1997, Rn.232 ff.

Sie haften vielmehr dann weiter, wenn sie die Entscheidung hinterher ausdrücklich oder konkludent billigen, sie sich zu eigen machen.

Opfergrenze - Gefahrenpotential

In den Grenzen der Zumutbarkeit (Opfergrenze - Gefahrenpotential: etwa konkrete Gefahren für Leib oder Leben der mit dem Produkt in Kontakt geratenden Personen) kann der Einzelne auch zu ausgleichenden Schutzmaßnahmen verpflichtet sein.

Beispiele

Beispiele: Geeignete Mittel können sein: Herbeiführung einer neuerlichen Entscheidung, Einschaltung des Aufsichtsrates, Amtsniederlegung, eigenmächtige Warn- oder Rückrufaktionen etc.

4. Die Haftung leitender Angestellter für Produktfehler

Haftung leitender Angestellter

Der BGH geht ohne weiteres auch von einer Haftung leitender Angestellter aus.

§ 5 III 2 BetrVG

Leitende Angestellte sind in § 5 III 2 BetrVG legaldefiniert. Sie zeichnen sich durch ihre gehobene Stellung im Unternehmen aus und stehen aufgrund dieser Position eher auf Unternehmer- als auf Arbeitnehmerseite.

Organisationspflichten Interventionspflichten

Als Pflichten kommen hier insbesondere **Organisationspflichten** bezüglich des eigenen Aufgabenbereichs als auch **Interventionspflichten** in Richtung anderer Abteilungen bzw. Vorstandschaft in Betracht.

Vorbehalt der Zumutbarkeit

Auch diese Pflichten stehen unter dem **Vorbehalt der Zumutbarkeit**: Je radikaler der erforderliche Ausbruch aus der Verantwortungshierarchie hätte sein müssen, desto mehr ist nach der Zumutbarkeit zu fragen.[114]

---

[114] Westphalen/ Bandrecht / Aspelin / *Foerste*, Produkthaftungshandbuch, Band 1, Verlag C. H. Beck, München 1997, Rn. 244.

5. Die Haftung von sonstigen Mitarbeitern

Aus den gleichen Gründen **haften** auch sonstige Mitarbeiter bis hin zum einzelnen Arbeiter an der Drehbank, wenn ihnen eine entsprechende **schuldhafte Pflichtverletzung** in gerade *ihrem* Verantwortungsbereich nachzuweisen ist.

Haftung von sonstigen Mitarbeitern

Wie bereits dargestellt, obliegen ihnen jedoch nur Pflichten, die ihrer Ausbildung und ihrem Aufgabenbereich entsprechen und denen sie auch nach Kräften gerecht werden können.[115]

Interne Weisungen von Vorgesetzten beeinflussen aber auch den Umfang der Verkehrssicherungspflichten nach außen:

Interne Weisungen

- Ein nachgeordneter Mitarbeiter kann **grundsätzlich darauf vertrauen**, dass die Vorgaben seines Vorgesetzten geeignet sind, Produktrisiken zu minimieren oder auszuschalten; dabei besteht im Allgemeinen keine Prüfungspflicht des Arbeitnehmers.[116]

- Bekommt **aber** ein Arbeitnehmer den **Eindruck oder** gar die sichere **Kenntnis**, das im Betrieb praktizierte Verfahren entspreche nicht dem Stand der Technik oder den Erkenntnissen im Betrieb und sei geeignet, Produktgefahren zu kreieren, ist er **verpflichtet**, seinen Vorgesetzten darauf **hinzuweisen** und ggf. auch **Vorschläge zur Gefahrenabwehr** zu machen; wird darauf nicht reagiert, so ist der Arbeitnehmer nur in den **Grenzen der Zumutbarkeit** verpflichtet, sich an höhere Stellen zu wenden.[117]

Praxistipp

---

[115] BGH NJW 1988, 48.
[116] Westphalen/ Bandrecht / Aspelin / *Foerste*, Produkthaftungshandbuch, Band 1, Verlag C. H. Beck, München 1997, Rn.248.
[117] Westphalen/ Bandrecht / Aspelin / *Foerste*, Produkthaftungshandbuch, Band 1, Verlag C. H. Beck, München 1997, Rn. 249 f..

Kapitel 18: Risikoverringerung durch Produkthaftpflichtversicherungen

Weiterführende Literatur:

Literatur

Koch, Neues zur Produzentenhaftung bei der Errichtung von Gebäuden, NZ Bau 2001, 649 ff; *Littbarski,* Herstellerhaftung ohne Ende- ein Segen für den Verbraucher?, NJW 1995, 217 ff; *Scheidel,* Betriebliche Sachversicherung und Schadensfall, DStR 2000, 1890 ff; *Schimikowski,* Innovation in der Haftpflichtversicherung, NVersZ 1999, 545 ff; *Thürmann,* Rückruf und Haftpflichtversicherung nach AHB oder ProdHB, NVersZ 1999, 145 ff.

Das Unternehmen kann seine Haftung nicht immer zu 100 % vermeiden:

Praxistipp

- So kann es die Haftung durch Vertrag nur in bestimmten Bereichen begrenzen, nicht etwa bei Verletzung von Leben und Gesundheit.

- Auch funktionieren vertragliche Haftungsbegrenzungen nicht bei geschädigten Dritten – mit diesen hat das Unternehmen schließlich keinen Vertrag geschlossen.

- Rückstellungen für Produktfehler sind zwar möglich; ihre Höhe ist aber im Vorhinein nur schwer einzuschätzen, außerdem wird dadurch oft unnötig Kapital gebunden.

Daher ist es nötig, sich im Restrisikobereich über Versicherungen abzusichern. Personen-, Sach- und Vermögensschäden können im industriellen Bereich aus **drei Hauptgefahrenquellen** herrühren:

Absicherung des Restrisikos

- Schäden, die von der Betriebsstätte selbst ausgehen (Geschäftsräume etc.)
- Schäden durch die im Betrieb tätigen Personen
- Schäden durch die im Betrieb hergestellten Produkte

Praxistipp

1. Einführung

Zu unterscheiden sind bei Produkthaftpflichtversicherungen wiederum **zwei Arten**:[118] Die konventionelle und die erweiterte Produkthaftpflichtversicherung.

Während die **allgemeine (konventionelle)** Produkthaftpflicht im Rahmen der Betriebshaftpflichtversicherung nur die grundlegenden Risiken abdeckt, schützt die **besondere (erweiterte)** Produkthaftpflicht durch Deckungserweiterungen auch vor weiteren Risiken. Die allgemeine nennt man **AHB-Deckung** (AHB = Allgemeine Versicherungsbedingungen für Haftpflichtversicherungen), die besondere **PHB-Deckung** (PHB = Besondere Versicherungsbedingungen für Produkthaftpflichtversicherungen).

Konventionelle und erweiterte Produkthaftpflichtversicherung

Beispiel 1:	Die AHB-Versicherung deckt grundsätzlich Ansprüche wegen Personen- und Sachschäden, die durch fehlerhafte Produkte entstehen.
Beispiel 2:	Nicht gedeckt von der AHB-Versicherung sind dagegen reine Vermögensschäden, wenn also beispielsweise eine fehlerhafte Börsensoftware zu Verlusten des Anwenders führen.
Beispiel 3:	Nicht gedeckt sind auch Auslandsschäden, Tätigkeitsschäden, Schäden wegen Fehlens zugesicherter Eigenschaften, Vermischungsschäden, Ein- und Ausbaukosten des Vertragspartners etc. Diese sind nur über die PHB-Deckung versicherbar!

Beispiele

---

[118] Kullmann / Pfister / *Nickel*, Produzentenhaftung, Losebl. Ausgabe, 6810 S. 3 ff.

AHB- und PHB-Deckung	Die folgenden Ausführungen beziehen sich jeweils auf die **Musterbedingungen für die AHB- und PHB-Deckung**. Einzelne Versicherungsverträge können davon durchaus abweichen, da es sich nicht um ein starres System handelt. Entscheidend ist jeweils der konkrete Versicherungsvertrag, so dass die Anmerkungen unten immer als Grundsatz zu verstehen sind, von dem durchaus Ausnahmen (= **Sonderregelungen**) möglich sind.
Sonderregelungen	

Tipps:

Praxistipp	• Versicherungsverträge anwaltlich durchchecken lassen. • Deckungslücken und Risikoausschlüsse darstellen lassen. • Anschließend zusammen mit dem Versicherer ein neues Deckungskonzept erarbeiten. • Preise vergleichen!

2. Erfasstes Risiko

§ 1 IIc AHB	Welches Risiko von der Versicherung grundsätzlich gedeckt wird, ergibt sich aus der Betriebsbeschreibung im Versicherungsvertrag. Besonders wichtig ist deshalb eine **genaue Beschreibung** (§ 1 IIc AHB). Dazu folgendes Beispiel aus der Rechtsprechung des BGH:[119] [120]

Beispiel	Fall:	Der Kläger führte einen Betrieb zur Reparatur von Bootsmotoren, Kraftfahrzeugen, Verkauf von Motoren, Motorenzubehör und Bootszubehör. Bei der beklagten Versicherung schloss er eine Betriebshaftpflichtversicherung ab und gab im Antragsformular beim zu versichernden Risiko die „Reparatur von Bootsmotoren" an. Diese Angaben standen im Widerspruch zur Betriebszulassung; Nebenrisiken wurden keine angeführt.

---

[119] BGH IV a ZR 140/86 v. 7.10.87.
[120] Ein anderes, nicht ganz ernst zu nehmendes **Beispiel** aus einem Schreiben eines Versicherungsnehmers zur Korrektur seiner Betriebsbeschreibung: „Ich bin von Beruf Schweißer. Ihr Computer hat an der falschen Stelle gespart und bei meinem Beruf das ‚w' weggelassen..."

Einige Zeit später führte der Kläger in seiner Werkstatt eine PKW-Reparatur durch, bei der es zu einem Schadensfall kam. Die Beklagte verweigerte unter Hinweis auf das angeblich nicht versicherte Risiko die Deckung.

Urteil: Nachdem alle Vorinstanzen gegen den Kläger entschieden, stellte sich erst der BGH auf seine Seite.

Gründe: Versichert sind alle Tätigkeiten, die in innerem ursächlichen Zusammenhang mit dem Unternehmen stehen. Es ist nicht unüblich, dass Kraftfahrzeugmeister Bootsmotoren reparieren. Umgekehrt gilt dasselbe. Daher greift auch hier die Deckungspflicht der Versicherung ein.

Fazit: Bei einer genaueren Betriebsbeschreibung hätte sich der Handwerker den zeitraubenden Instanzenzug gespart.

Mitumfasst von der Produkthaftpflichtversicherung sind **Erhöhungen und Erweiterungen des Risikos** (§ 1 II b AHB).

§ 1 II b AHB

Beispiel: Die Waldmann GmbH ist Hersteller von Hotel- und Gastronomieartikel. Erweitert sie nach Abschluss des Versicherungsvertrages ihre Produktpalette um Handtuchhalter, stellt dies eine Erweiterung des Betriebsrisikos dar.

Beispiel

Auch **neue Risiken** nach Vertragsschluss sind umfasst, § 1 II c i.V.m. § 2 AHB.

§ 1 IIc i.V.m. § 2 AHB

Beispiel 1: Die Waldmann GmbH stellt nach Vertragsschluss nicht mehr nur Gastronomieartikel her, sondern auch Kleintraktoren zum Rasenmähen.

Beispiel 2: Nach Vertragsschluss werden schärfere Produkthaftungs- oder -sicherheitsgesetze erlassen.

Beispiel

Betriebscharakter-ändernde Risikoerhöhungen sind dagegen nicht umfasst, sondern führen zum Bedürfnis der Neuordnung des Vertrages, § 2 AHB.

Risikoerhöhungen

Beispiel: Die Waldmann GmbH wechselt vollständig die Branche und stellt auf Automobilzulieferung um.

Beispiel

3. Das Schadensereignis

Schadensereignis

Der Versicherungsschutz knüpft stets an ein Schadensereignis an. Gemeint ist damit ein äußerer Vorgang, der die Schädigung eines Dritten und damit die gesetzliche Haftpflicht des Unternehmers unmittelbar auslöst.[121]

Beispiel: Die Waldmann GmbH produzierte den fehlerhaften Toaster, bei dem es zu Kurzschlüssen kommen kann (= fehlerhaftes Tun).
Nach dem Inverkehrbringen kommt es bei dem Toaster zu einem Kurzschluss (= Schadensereignis).
Dadurch entsteht ein Zimmerbrand, bei dem das Inventar zerstört wird (= Schaden).

Deckung

Entscheidend für die Frage der Deckung ist grundsätzlich der Zeitpunkt des Schadensereignisses: Bestand in diesem Zeitpunkt bereits Versicherungsschutz oder nicht? Nur wenn dies der Fall war, wird die Versicherung die Deckungszusage erteilen.

Folgende – nicht ganz ernst zu nehmende – **Beispiele** zum Schadensereignis (außerhalb der Produkthaftung) stammen aus echten Versicherungsschreiben:

Beispiel 1: „Mein Sohn hat die Frau nicht umgerannt. Er ist einfach an ihr vorbei gerannt (= fehlerhaftes Tun). Dabei ist die Frau durch den Luftzug umgefallen (= Schadensereignis)."

Beispiel 2: „Mein Fahrrad kam von Gehsteig ab (= fehlerhaftes Tun), touchierte einen Porsche (= Schadensereignis) und fuhr ohne mich weiter."

Beispiel 3: „Ein Fußgänger kam plötzlich vom Bürgersteig (= fehlerhaftes Tun) und verschwand dann wortlos unter meinem Wagen (= Schadensereignis)."

Beispiel 4: „Der Fußgänger hatte anscheinend keine Ahnung, in welche Richtung er gehen sollte (= fehlerhaftes Tun) und so überfuhr ich ihn (= Schadensereignis).

---

[121] Westphalen/ Bandrecht / Aspelin / *Foerste*, Produkthaftungshandbuch, Band 1, Verlag C. H. Beck, München 1997, § 61, Rn. 6.

4. Der Deckungsumfang der konventionellen Produkthaftpflichtversicherung (AHB-Deckung)

Wie bereits oben ausgeführt, deckt die **konventionelle Versicherung** nur die Ansprüche, die kraft Gesetzes gegen den Versicherungsnehmer bestehen. **Ansprüche aus dem vertraglichen Erfüllungsbereich** sind grundsätzlich **nie gedeckt** (Nacherfüllung, Minderung, Rücktritt).[122] **Nur bei Schadensersatzansprüchen** besteht Versicherungsschutz in gewissen Grenzen. Aber selbst im Bereich der grundsätzlich gedeckten gesetzlichen Haftpflicht gibt es Deckungslücken. Sehr wichtig ist dabei **§ 4 AHB**, da darin beschrieben ist, was alles **nicht versichert** ist (**Grenzen der Deckungszusage**). Die wichtigsten **Beispiele für Deckungsausschlüsse**:

AHB-Deckung

Grenzen der Deckungszusage

4.1 Ausschluss bei vertraglicher Risikoerhöhung

Der Versicherer deckt Ersatzansprüche nicht, soweit sie auf einer vertraglichen Vereinbarung beruhen und über die gesetzliche Haftpflicht *hinausgehen* (Risikoerhöhung, § 4 I Nr. 1 AHB).

Ausschluss bei vertraglicher Risikoerhöhung

Beispiel 1: Die Waldmann GmbH gewährt für ihre Toaster eine 5-jährige Verjährungsfrist auf Sachmängel. Gesetzlich vorgesehen sind 2 Jahre. Daher besteht in den letzten 3 Jahren kein Versicherungsschutz gegen Schadensersatzansprüche wegen Sachmängeln; gegen Ansprüche auf Nacherfüllung etwa besteht ohnehin kein Versicherungsschutz (vertraglicher Erfüllungsbereich).

Beispiel 2: Die Waldmann GmbH erklärt sich mit den Einkaufsbedingungen eines Großkunden einverstanden; in diesen ist die kaufmännische Untersuchungs- und Rügeobliegenheit aus § 377 HGB des Kunden wirksam ausgeschlossen. Sollte es deswegen zu einer Schadensersatzhaftung der Waldmann GmbH kommen, obwohl nach § 377 HGB eigentlich keine Haftung bestünde, gewährt die Versicherung keinen Schutz.

Beispiele

---

[122] Vgl. § 1 Ziffer 1; § 4 I Ziffer 6 lit. b AHB.

Tipps:

Praxistipp

- In Verträgen ist darauf zu achten, ob dem Vertragspartner Ansprüche **über das Gesetz hinaus** gegeben werden - es besteht dann grundsätzlich **kein Versicherungsschutz**.

- Größere oder haftungsträchtige Verträge vor der Unterzeichnung dem Versicherer vorlegen und um **Bestätigung des Deckungsschutzes bitten**.

- Bei Gewährung von Verjährungsverlängerungen, freiwilligem Verzicht zu eigenen Lasten auf die kaufmännische Rügeobliegenheit, Zusicherungen, Garantien oder ähnliche Erweiterungen zu eigenen Lasten, sollte der **Versicherungsschutz um diese Komponenten erweitert werden**.

- **Je komplizierter** Vertragswerke sind und je mehr Beteiligte es daran gibt, **umso wahrscheinlicher** werden **Deckungslücken**. Vertragswerke deshalb auch auf die Vereinbarkeit mit Ihren Versicherungen hin überprüfen lassen!

Beispiele

Beispiel: Die Waldmann GmbH liefert an einen Großhändler Gastronomiespüler im Wert von 30.000 EUR. Der Großhändler bedingt in seinen Einkaufs-AGB wirksam die kaufmännische Untersuchungs- und Rügeobliegenheit (§ 377 HGB) ab. Sechs Wochen nach Auslieferung der Spülmaschinen bemängelt der Großhändler einen unbehebbaren Mangel der gelieferten Maschinen, der diese unverkäuflich macht. Der Großhändler macht deshalb als Schaden seinen entgangenen Gewinn geltend.

Lösung: Dem Großhändler steht sein Anspruch auf entgangenen Gewinn zu. Die verspätete Rüge ist irrelevant, weil der Großhändler § 377 HGB wirksam abbedungen hat. Hat die Waldmann GmbH mit ihrem Produkthaftpflichtversicherer die Abbedingung von § 377 HGB nicht abgesprochen, wird dieser den Schaden nicht ersetzen.

Tipps:

- Risikoerhöhungen nicht unbedingt bewusst eingehen: Sie können beispielsweise auch in den AGB des Vertragspartners versteckt sein!

- Beispiel: Der Vertragspartner verlängert als Einkäufer wirksam die gesetzlichen Verjährungsfristen zu seinen Gunsten.

- Sollte die Versicherung den Deckungsschutz wegen angeblicher „vertraglicher Risikoerhöhung" verweigern, die Stichhaltigkeit dieser Argumentation prüfen: Sie greift nämlich nicht, wenn der Vertragspartner in seinen AGB Ihr Risiko mit unwirksamen Klauseln erhöht hat. Sie greift auch dann nicht, wenn die risikoerhöhenden Klauseln wegen einer Kollision Ihrer AGB mit denen des Vertragspartners nicht in den Vertrag einbezogen wurden.

Praxistipp

Zur Auflockerung noch einige Zitate zur Risikoerhöhung außerhalb der Produkthaftung aus original Versicherungsschreiben – nicht ernst nehmen:

Beispiel 1: „Als ich auf die Bremse treten wollte, war diese nicht da..." (Risikoerhöhung durch fehlende Pedale).

Beispiel 2: „Ich überfuhr einen Mann. Er gab seine Schuld zu, da ihm dies schon einmal passiert war." (Risikoerhöhung durch wiederholtes Fehlverhalten).

Beispiel 3: „Ich will meinen Georg nicht impfen lassen. Meine Freundin Lotte hat ihr Kind auch impfen lassen, dann fiel es kurz danach aus dem Fenster." (Risikoerhöhung durch ärztliche Maßnahmen).

Beispiel 4: „Meine Frau stand aus dem Bett auf und fiel in die Scheibe der Balkontüre. Vorher war sie bei einem ähnlichen Versuch aufzustehen gegen die Zentralheizung gefallen." (Risikoerhöhung durch eingeschränkte Motorik)

Beispiele

4.2 Ausschluss von Auslandsschäden

Tritt ein Schadensereignis im Ausland ein, so gibt es ohne eine entsprechende Sonderregelung grundsätzlich keinen Deckungsschutz (§ 4 I Nr. 3 AHB).

Auslandsschäden

Tipps:

Praxistipp

- Bei Direktexport ins Ausland muss der Versicherungsschutz auch darauf erweitert werden.

- Wenn Waren auf Umwegen dorthin gelangen (stream of commerce),[123] empfiehlt sich ebenfalls eine Deckungserweiterung; allerdings enthalten sehr viele Versicherungsverträge solche Erweiterungen bereits standardmäßig.

- Für Hochrisikoländer (USA/Kanada/Japan) werden oft sehr hohe Prämien fällig.

4.3 Ausschluss von Tätigkeitsschäden

Tätigkeitsschäden

Ohne Sonderregelung gibt es keinen Versicherungsschutz für Schäden, die der Versicherungsnehmer durch seine Tätigkeit an fremden Sachen verursacht (§ 4 I Nr. 6 b AHB).

Beispiel

Beispiel: Die Waldmann GmbH erhält von einem Kunden den Auftrag, in einen Gastronomiespüler einen Zusatzbaustein einzubauen. Dabei unterläuft Monteur Manni Mörtel ein kleiner Lapsus: Durch Unachtsamkeit gleitet er mit dem Schraubenzieher ab und zerkratzt die sichtbare Vorderseite der Maschine. Dieser Tätigkeitsschaden wird nicht ersetzt.

4.4 Ausschluss bei Kenntnis und Vorsatz

Kenntnis und Vorsatz

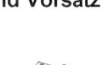

Werden Produkte in Verkehr gebracht, deren Mangelhaftigkeit bekannt war, scheidet ein Versicherungsschutz ebenso aus wie bei vorsätzlicher Schädigung (§ 4 II Nr. 1 AHB).

Beispiel

Beispiel: Sollte die Waldmann GmbH den Fehler ihres Toaster gekannt haben und ihn dennoch in Verkehr gebracht haben, muss die Versicherung für etwaige Schäden nicht eintreten.

---

[123] Bespiel: Die Waldmann GmbH verkauft Toaster in Deutschland. Ein Großhändler verkauft diese in die USA weiter.

Ein Beispiel für eine vorsätzliche Schädigung im Straßenverkehr geht aus folgendem echten Versicherungsschreiben hervor:

Beispiel: „Der Bursche war überall und nirgends auf der Straße. Ich musste mehrmals kurven, bevor ich ihn traf."

Beispiele

4.5 Ausschluss bei Nichtbeseitigung gefahrdrohender Umstände

Hat der Versicherungsnehmer **besonders gefahrdrohende Umstände nicht beseitigt**, obwohl der Versicherer dies verlangt hatte und billigerweise auch verlangen durfte, scheidet für später auftretende Versicherungsfälle eine Deckung aus (§ 4 II Nr. 3 AHB).

Nichtbeseitigung gefahrdrohender Umstände

Sollte es bereits zu einem Schaden gekommen sein, wird automatisch von einem „besonders gefahrdrohenden Umstand" ausgegangen.

Beispiel: Hat der Versicherer der Waldmann GmbH diese zur Beseitigung der Kurzschlussanfälligkeit des Toasters aufgefordert und kam das Unternehmen dem nicht nach, so entfällt für künftige Versicherungsfälle der Versicherungsschutz.

Beispiel

5. Der Deckungsumfang der erweiterten Produkthaftpflichtversicherung (PHB-Deckung)

Durch die erweiterte Produkthaftung (PHB-Deckung) werden Schäden gedeckt, die

PHB-Deckung

- durch Erzeugnisse entstehen, die vom Versicherungsnehmer hergestellt oder geliefert wurden oder
- durch Arbeiten und sonstige Leistungen des Versicherungsnehmers verursacht wurden.

Praxistipp

Tipps:

Praxistipp

- Die PHB-Deckung stellt ein **Baukastensystem** dar.
- Sie soll die AHB-Deckung aus der Betriebshaftpflichtversicherung **ergänzen**.
- Das Unternehmen kann also die **Deckungsbausteine** wählen, die es braucht; andere Bausteine werden beiseite gelassen.
- Um sich richtig absichern zu können, muss man daher **vorher** das betriebliche **Haftungsrisiko genau erfassen und auswerten**.

In der Folge werden die wichtigsten Bausteine dargestellt, die bei entsprechender Auswahl zusätzlichen Schutz vermitteln können:

5.1 Schäden an Sachen Dritter und Mangelfolgeschäden daraus

Fehlen zugesicherter Eigenschaften

Gedeckt sind nach Ziffer 4.1 PHB nach allgemeiner Meinung **Schäden wegen Fehlens zugesicherter Eigenschaften**.[124]

Nach den AHB besteht **dafür keine Deckung**, weil es sich um eine Einstandspflicht handelt, die über das Gesetz hinaus auf einer vertraglichen Zusage basiert (umstritten).[125]

Beispiel

Beispiel: Die Waldmann GmbH gibt hinsichtlich ihrer Toaster die Zusicherung, dass ein Toast binnen 10 Sekunden goldbraun wird; de facto dauert es 20 Sekunden länger.

Die Toaster werden an einen Großhändler ausgeliefert, der diese an Einzelhändler weiterveräußert. Aufgrund von Beanstandungen der Einzelhändler muss der Großhändler die Toaster zurücknehmen, wodurch ihm ein Schaden in Höhe von insgesamt 300.000 EUR entsteht (Austauschkosten und Rückzahlung des Kaufpreises).

---

[124] *Littbarski*, Produkthaftpflichtversicherung, Verlag C. H. Beck, München 1999, Ziffer 4, Rn. 23.
[125] *Littbarski*, Produkthaftpflichtversicherung, Verlag C. H. Beck, München 1999, Ziffer 4, Ziffer 4, Rn. 23 m. w. N..

> Der Großhändler hat einen Schadensersatzanspruch gegen die Waldmann GmbH, da die zugesicherte Eigenschaft fehlte.
>
> Dabei werden sowohl die Austauschkosten als auch Rückzahlungskosten ersetzt, da beides Schadensersatzansprüche sind. Nicht gedeckt wäre aber eine Ersatzlieferung der Waldmann GmbH an die Händler, weil dies die ordnungsgemäße Vertragserfüllung betrifft, welche nicht versichert ist (§ 4 I Nr. 6 AHB).

Beispiel

Obwohl **Personenschäden** vom Wortlaut der Ziffer 4.1 PHB nicht erfasst sind, stimmt die herrschende Meinung in der Literatur für ihre Einbeziehung.[126]

Personenschäden

5.2 Schäden Dritter infolge Mangelhaftigkeit von Sachen durch Verbindung, Vermischung oder Verarbeitung

Schäden Dritter

Gedeckt sind durch diese Klausel **nicht** Ansprüche wegen Lieferung des mangelhaften Erzeugnisses selbst (insbesondere keine Schadensersatzansprüche).

Vielmehr geht es darum, dass mit der gelieferten Ware eine **neue** Sache produziert wird, die deshalb ebenfalls mangelhaft wird, Ziffer 4.2 PHB.

> **Beispiel:** Die Waldmann GmbH wird von der Luftig GmbH mit Schaltern für Gastronomiespüler beliefert.
>
> Die Schalter weisen dabei einen Defekt auf, der dazu führt, dass die Maschinen teilweise nicht mehr abzuschalten sind. Durch den Einbau der Schalter kommt es zumindest zu einer Verbindung der Produkte, die dazu führt, dass die Spülmaschinen insgesamt mangelhaft werden.

Beispiel

---

[126] *Littbarski*, Produkthaftpflichtversicherung, Verlag C. H. Beck, München 1999, Ziffer 4, Ziffer 4, Rn. 29 ff.

Ersetzt werden aber auch in diesen Fällen nur folgende Schäden:[127]

Praxistipp

- Beschädigung oder Vernichtung der anderen Produkte
- Kosten für die Herstellung des Gesamtprodukts (abzüglich des Entgelts für das gelieferte Produkt)
- Aufwendungen für die Schadensbeseitigung am Gesamtprodukt
- Minderwert des Gesamtprodukts
- Unmittelbare Produktionsausfallkosten

5.3 Kosten und Mindererlös Dritter für die Weiterverarbeitung eines mangelhaften Erzeugnisses

Kosten und Mindererlös Dritter

Hier geht es um Weiterverarbeitungskosten, **ohne** dass eine Verbindung, Vermischung oder Verarbeitung stattfindet – dies regelt ja Ziffer 4.2 PHB.

Beispiel

Beispiel: Die Waldmann GmbH wird von der Luftig GmbH auch mit Blechen beliefert, die zur Herstellung spezieller Küchentabletts benötigt werden. Später stellt sich heraus, dass die Bleche zu rostanfällig sind, was zu einem erheblichen Minderwert der Tabletts führt.

Der Versicherer der Luftig GmbH müsste für Schadensersatzansprüche der Waldmann GmbH wegen Mindererlösen eintreten, sofern die Luftig GmbH in den Versicherungsbedingungen diesen PHB-Baustein vereinbart hat.

---

[127] Im Einzelfall werden in Detailbereichen davon wieder Ausnahmen gemacht, die aus Platzgründen hier nicht dargestellt werden können.

5.4 Aufwendungen Dritter für den Ausbau mangelhafter und den Einbau mangelfreier Erzeugnisse

Sehr wichtig kann auch Baustein 4.4 der PHB sein, der die in der Praxis wichtigen Ein- und Ausbaukosten regelt. Diese Kosten stellen den **Großteil der Aufwendungen der Versicherer** im Rahmen einer PHB-Deckung dar.[128]

Aufwendungen Dritter

| Beispiel: | Bei der oben erwähnten Schalterlieferung von der Luftig GmbH an die Waldmann GmbH kommt es nach dem Weiterverkauf an Händler zu ersten Schadensmeldungen. Die Waldmann GmbH muss daher die defekten Schalter durch neue ersetzen und will die Aufwendungen dafür von der Luftig GmbH beziehungsweise deren Versicherer ersetzt haben. |

Beispiele

Ersetzt werden **alle mangelbedingten Austauschkosten**. Dazu zählen insbesondere folgende:[129]

Austauschkosten

- Kosten zum Aufsuchen des mangelhaften Teils

- Kosten für die Freilegung und den Ausbau des mangelhaften Teils

- Kosten für den Einbau eines neuen mangelfreien Teils und für das Wiederverschließen der Einbaustelle

- Reisekosten, Spesen und Übernachtungskosten für Montagepersonal, Überstundenzuschläge, Gemeinkosten (Buchhaltung und Personalverwaltung)

- Prüfkosten, Kosten für Arbeitsmittel und –geräte, Kosten für Kleinteile inklusive etwaiger Vorhaltekosten

- Kosten für die Reparatur von Sachen, die beim Austausch unumgänglich beschädigt werden

Praxistipp

---

[128] *Littbarski*, Produkthaftpflichtversicherung, Verlag C. H. Beck, München 1999, Ziffer 4, Ziffer 4.4, Rn. 141.

[129] *Littbarski*, Produkthaftpflichtversicherung, Verlag C. H. Beck, München 1999, Ziffer 4, Ziffer 4.4, Rn. 146 ff.

Prüfkosten bei vermuteten Serienschäden

Ein **Dauerbrenner** ist dabei die Frage, ob auch **Prüfkosten bei vermuteten Serienschäden** ersetzt werden, also dann, wenn nur ein Teil der Serie Schäden aufweist, man aber befürchtet, dass die ganze Serie oder ein größerer Teil davon betroffen sein kann. Dabei kristallisieren sich folgende Grundsätze heraus:

Praxistipp

> - Aus- und Einbaukosten werden **nur hinsichtlich der tatsächlich mangelhaften Teilserie** ersetzt.
>
> - Im Übrigen gilt: **Kosten der Überprüfung**, ob überhaupt ein größerer Teil vom Mangel betroffen ist, werden **nur dann** ersetzt, wenn es hinterher tatsächlich zum Ausbau kommt und wenn auch tatsächlich ein Mangel vorlag; ansonsten gibt es keinen Deckungsschutz (reine Prophylaxe ohne tatsächliche Mängel ist also nicht abgedeckt).
>
> - Bei Bedarf können aber auch solche **vorsorglichen Kosten** durch eine **Zusatzvereinbarung** mitversichert werden.

Austauschbedingte Betriebsstilllegung

Nicht versichert sind in diesem Baustein Kosten für eine **austauschbedingte Betriebsstilllegung**, aus einem durch den Austausch bedingten **Produktionsausfall** und aus **entgangenem Gewinn**.

Kosten für die Nachlieferung

Ebenso wenig sind **Kosten für die Nachlieferung mangelfreier Erzeugnisse einschließlich Transportkosten** abgedeckt, Ziffer 4.4 II PHB – dies gehört ja wieder zum vertraglichen Erfüllungsanspruch, der nicht versichert ist.

Entsorgungskosten

Auch nicht versichert sind die **Kosten für die Vernichtung (Entsorgung)** der mangelhaften und ausgebauten Teile.[130]

Sehr wichtig ist es, sich stets zu vergegenwärtigen, dass **nur die Kosten „Dritter"** ersetzt werden. Es geht also immer darum, dass der Belieferte und nicht der Hersteller den Austausch vorgenommen hat.

---

[130] OLG Hamburg, 8 U 10/ 86.

> **Beispiel:** Bei der oben erwähnten Schalterlieferung wären also nur dann die Kosten durch die Versicherung der Luftig GmbH gedeckt, wenn der *Schalteraustausch von der Waldmann GmbH* vorgenommen würde. Macht dies die Luftig GmbH, handelt es sich um den vertraglichen Erfüllungsanspruch (= Nacherfüllung), so dass der Versicherer der Luftig GmbH *nicht* einstehen müsste.
>
> **Ausnahmen:** Die Kosten werden ausnahmsweise dann ersetzt, wenn der Versicherungsnehmer den Austausch selbst billiger vornehmen kann oder wenn nur er das nötige Know-how besitzt und deswegen aus Sicherheitsgründen selbst ausbaut.[131]

Tipps:

> - Die Frage der Kostentragung muss nach Möglichkeit vor Beginn der Maßnahme mit dem Versicherer abgeklärt werden!
> - Die Kostenübernahme dabei schriftlich bestätigen lassen.

Nach herrschender Meinung führen übrigens nicht nur Konstruktions- und Produktionsfehler, sondern auch Instruktions- und Produktbeobachtungsfehler zur Einstandspflicht des Versicherers.[132]

Die PHB nennen ausdrücklich noch zwei wichtige Tatbestände, bei denen **kein Versicherungsschutz** gewährt wird (Ziffer 4.4 Buchstaben a und b):

> - Teile, die der Versicherungsnehmer selbst eingebaut oder montiert hat.
> - Teile, Zubehör oder Einrichtungen insbesondere von Kraftfahrzeugen – hier hilft nur der Abschluss einer zusätzlichen **Rückrufkostenversicherung**!

---

[131] *Littbarski*, Produkthaftpflichtversicherung, Verlag C. H. Beck, München 1999, Ziffer 4, Ziffer 4.4, Rn. 154.
[132] *Littbarski*, Produkthaftpflichtversicherung, Verlag C. H. Beck, München 1999, Ziffer 4, Ziffer 4.4, Rn. 160.

5.5 Schäden an Sachen Dritter durch mangelhafte Maschinen

Schäden an Sachen Dritter durch mangelhafte Maschinen

Gedeckt sind Schäden, die dadurch entstehen, dass vom Versicherungsnehmer gelieferte, montierte oder gewartete Maschinen mangelhafte Sachen herstellen (Ziffer 4.5 PHB). Grund muss natürlich die **Mangelhaftigkeit der Maschinen** sein.

Gedeckt ist auch hier wieder nicht alles, sondern nur folgende Schäden:

Praxistipp

- Beschädigung oder Vernichtung der Produkte, die mit der Maschine hergestellt oder verarbeitet etc. wurden
- Kosten für die Herstellung, Be- oder Verarbeitung der Erzeugnisse
- Aufwendungen für die notwendige Schadensbeseitigung am Erzeugnis
- Minderwert des Gesamtprodukts
- Unmittelbare Produktionsausfallkosten

6. Rückrufkosten

Rückrufkosten

Rückrufkosten sind durch Produkthaftpflichtversicherungen **grundsätzlich nicht** im nennenswerten Umfang **gedeckt**; für den Bereich der Automobilrückrufe besteht eine generelle Ausnahme.

Rückrufversicherungen

Daher ist es erforderlich, bei entsprechendem Risikopotential **eigene Rückrufversicherungen** abzuschließen.

7. Deckungsausschlüsse

Ziffer 6 PHB enthält Angaben dazu, was **nicht** vom Versicherungsschutz **erfasst** ist.

Deckungsausschlüsse

Dabei ist immer zu beachten, dass die Ausschlusstatbestände nur dann eingreifen, wenn nicht zuvor gerade wegen dieses Schadensereignisses ein Deckungsschutz vereinbart wurde. Mit anderen Worten: **Abweichende Vereinbarungen mit dem Versicherer gehen stets vor.**

Abweichende Vereinbarungen mit dem Versicherer

Folgende Übersicht zeigt im Schnellüberblick die relevantesten Versicherungslücken auf, die auch bei einem PHB-Schutz bestehen:

Versicherungslücken

- Ansprüche auf Rücktritt vom Vertrag, Minderung, Nacherfüllung (= vertraglicher Erfüllungsanspruch)

- Ansprüche wegen Lieferverzugs und Nichterfüllung

- Ansprüche wegen vergeblicher Investitionen etc.

- Ansprüche wegen Folgeschäden, sofern nicht im Einzelfall Gegenteiliges vereinbart wird

- Ansprüche aus selbständigen Garantiezusagen

- Auslandsansprüche

- Ansprüche wegen Sach- und Vermögensschäden, wenn das Erzeugnis nicht nach den anerkannten Regeln von Wissenschaft und Technik erprobt wurde.

Praxistipp

Im Rahmen einer konventionellen AHB-Deckung besteht grundsätzlich kein Versicherungsschutz für **Versicherungsfälle im Ausland**. Dies gilt auch für die PHB-Deckung, weshalb sich hier bei entsprechendem Risiko eine Deckungserweiterung lohnt. Meistens ist in den Versicherungsverträgen zwar ein Auslandsschutz vorgesehen, **oftmals** ist aber das **USA- und Kanada-Risiko ausgeschlossen**; bei Bedarf ist auch das zu ändern.

Ausland

USA- und Kanada

Tipps:

Praxistipp

- Bei erhöhtem Haftungsrisiko in diesen Bereichen unbedingt auf eine entsprechende Zusatzversicherung achten.

- Bei Auslandsansprüchen darauf achten, dass sie einbezogen sind und dass eine ausreichende Deckungssumme besteht.

- Bei Zulieferern darauf achten, dass diese eine ausreichende Produkthaftpflichtversicherung abgeschlossen haben, die gerade die relevanten Risiken abdeckt.

- Zulieferer in den entsprechenden Verträgen zum Abschluss derartiger Versicherungen verpflichten!

8. Serienschäden

Serienschäden

Eines der größten Probleme der Versicherungspraxis ist der so genannte Serienschaden.

8.1 Begriff des Serienschadens

Ziffer 8.1 PHB

Ein Serienschaden liegt nach Ziffer 8.1 PHB vor, wenn

- während der Wirksamkeit des Versicherungsvertrages

- mehrere Schadensereignisse eintreten,

- die entweder die gleichen Ursachen haben (welche in einem inneren Zusammenhang stehe müssen)

- oder mit dem gleichen Mangel behaftet sind.

Entscheidend ist, dass *die gleiche* Ursache ausreicht, es muss nicht unbedingt *dieselbe* Ursache sein (so aber bei einer reinen AHB-Deckung!).

Beispiel: Im Beispiel des fehlerhaften Toasters der Waldmann GmbH liegt im zugrunde liegenden Konstruktionsfehler „dieselbe" Ursache; alle auftretenden Schadensereignisse fallen also unter den Begriff des Serienschadens nach PHB. Wäre die Planung dagegen in Ordnung gewesen und hätte nur ein Mitarbeiter am Fließband an einem schlechtem Tag 35 fehlerhafte Toaster produziert, so handelt es sich um „die gleiche" Ursache – ein Deckungsschutz besteht nur im Rahmen einer PHB-Deckung, da ein innerer Zusammenhang (= schlechter Tag des Mitarbeiters) zu bejahen ist.

Beispiel

8.2 Sinn und Zweck sowie Wirkung der Klausel

Sinn und Zweck ist eine **Entlastung des Versicherers**. Dies hängt mit der Wirkung der Klausel zusammen:

Entlastung des Versicherers

Treten *während* des Laufs des Versicherungsvertrages in mehreren Jahren mehrere Teile eines Serienschadens auf, so werden alle diese nachfolgenden Schäden auf den Zeitpunkt zurück bezogen, in dem das *erste* gedeckte Ereignis des Serienschadens eintrat (aber *keine* Behandlung als *ein* Ereignis – anders als bei einer AHB-Deckung!). Folge ist, dass zwar grundsätzlich für alle diese Serienschäden *immer wieder* aufs Neue die Versicherungssumme fällig wird; allerdings greift dadurch, dass alle Schäden als im ersten Jahr eingetreten gelten, die so genannte **Maximierungsklausel** ein:

Maximierungsklausel

- Der Versicherer gewährt im Vertrag eine **bestimmte Versicherungssumme**.

- Diese steht **grundsätzlich für jedes einzelne** Schadensereignis zur Verfügung.

- Mit einer Maximierungsklausel wird aber eine **Höchstleistung** für alle Schadensereignisse eines Jahres eingeführt, die höchstens das Doppelte der Versicherungssumme betragen kann.

- **Beispiel:** Die Versicherungssumme beträgt 2,5 Mio. EUR und ist zweifach maximiert. Jetzt stehen für jeden Schadensfall eigentlich stets 2,5 Mio. EUR zur Deckung zur Verfügung; pro Jahr aber nicht mehr als insgesamt 5 Mio. EUR!

Praxistipp

Beispiel: Sollte im Fall des fehlerhaften Toasters der Waldmann GmbH im Versicherungsjahr 1 der erste Schaden eintreten, im Versicherungsjahr 2 zwei weitere und im dritten Versicherungsjahr 5 weitere Schäden der Serie, so werden alle diese nachfolgenden Schäden auf das Versicherungsjahr 1 zurück bezogen, so dass also in diesem Jahr im allerersten Zeitpunkt insgesamt 8 Schäden zu regulieren sind.

Für diese 8 Schäden steht zwar eigentlich die Versicherungssumme achtmal zur Verfügung, aufgrund der zweifachen Maximierung wird in diesem Versicherungsjahr aber höchstens das Doppelte der Versicherungssumme ausgezahlt. Damit steht für alle Schäden der Serie nur die vereinbarte Jahreshöchstleistung zur Verfügung (außer sie wurde bereits vorher durch andere – nicht zur Serie gehörende – Schäden aufgezehrt).

8.3 Nachteile dieser Klausel und alternative Klausel

Die Vor- und Nachteile der üblichen Serienschadenklausel verteilen sich gleichförmig auf beide Seiten:

- **Vorteilhaft** für den Versicherungsnehmer ist, dass die einzelnen Teile der Serie nicht als *ein* Schadensereignis gelten (anders als bei der AHB-Deckung!); damit steht grundsätzlich für jedes Ereignis die volle Versicherungssumme zur Verfügung. Dieser Vorteil wird aber **dadurch aufgewogen**, dass es durch die Maximierungsklausel relativ rasch zu einer höhenmäßigen Deckelung pro Jahr kommt.

- **Nachteilig** ist, dass kein Versicherungsschutz für Einzelschadensereignisse einer Serie besteht, die erst nach Ende des Versicherungsvertrags eintreten.

- **Dazu** kommt die Möglichkeit des Versicherers, den Versicherungsnehmer während des Laufs einer Serie „hinauszukündigen"; dadurch wird der Versicherungsvertrag beendet und alle nachfolgende Einzelschadensereignisse nicht mehr gedeckt.

Beispiel 1: Die Waldmann GmbH muss feststellen, dass ein Teil der Produktionspalette des Gastronomiespülers mit einem Konstruktionsfehler belastet ist, der zur Undichtigkeit führen kann. Dadurch werden mehrere Hotels überschwemmt, es entsteht erheblicher Sachschaden.

Tritt das erste Einzelschadensereignis im ersten Versicherungsjahr, Ereignis 2 im zweiten und die Ereignisse 3 – 5 im dritten Versicherungsjahr ein, sieht es mit der Deckung wie folgt aus:

Alle Schadensereignisse werden auf das erste Versicherungsjahr zurück bezogen. Grundsätzlich werden dann alle jeweils mit der Versicherungssumme gedeckt, aufgrund der Jahreshöchstleistung aber nur im Rahmen der Maximierung. Belaufen sich die summierten Schäden etwa auf 5 Mio. EUR und ist die Waldmann GmbH mit 2 Mio. EUR, zweifach maximiert, versichert, besteht nur Deckungsschutz in Höhe von 4 Mio. EUR.

Beispiel 2: Die Versicherung kündigt aufgrund der Schadensfälle rechtmäßig zum Ende des *zweiten* Versicherungsjahres den Vertrag. Alle Einzelschadensereignisse (3 – 5), die *danach* eintreten, werden daher nicht mehr gedeckt.

Beispiel 3: Tritt das erste der Einzelschadensereignisse vor Abschluss einer PHB-Versicherung ein, das zweite im ersten Jahr der Versicherung, die Ereignisse 3 – 5 im zweiten Versicherungsjahr, so ist **umstritten**, wie der Deckungsschutz aussieht:
Nach *Littbarski* greift einfach die Serienschadenklausel nicht ein: Damit muss der Versicherer das Schadensereignis 1 nicht decken, Ereignis 2 im ersten Versicherungsjahr voll und die Ereignisse 3 – 5 im zweiten Versicherungsjahr in den Grenzen der
Nach *Prölss/Martin* greift dagegen die Serienschadenklausel zugunsten des Versicherers ein, allerdings nur hinsichtlich der Schadensereignisse *im* Versicherungszeitraum: Für das erste Ereignis vor Beginn besteht kein Versicherungsschutz. Die Ereignisse 3 – 5 werden dagegen auf den Zeitpunkt des ersten gedeckten Ereignisses (2) im ersten Versicherungsjahr zurück bezogen. Folge: Die Ereignisse 2 – 5 werden gedeckt, aber nur im Rahmen der Maximierung aus Versicherungsjahr 1.[134]

---

[133] *Littbarski*, Produkthaftpflichtversicherung, Verlag C. H. Beck, München 1999, Ziffer 4, Ziffer 8, Rn. 19.
[134] Prölss / Martin, VVG, Produkthaftpflichtversicherung, Ziffer 8, Rn. 6.

Serienschadenklausel

Um die Nachteile der PHB-Klausel zu verhindern, wird mittlerweile auch die so genannte **alternative Serienschadenklausel** angeboten; sie zeichnet sich durch folgende **Unterschiede** aus:[135]

Praxistipp

- Alle Einzelereignisse der Serie werden ebenfalls zusammengezogen, gelten aber als *ein* Schadensfall. Folge: Die Versicherungssumme steht nur einmal für alle Einzelereignisse zur Verfügung.

- Ein Vorteil besteht darin, dass ein „Hinauskündigen" des Versicherungsnehmers nicht möglich ist: Denn auch Einzelereignisse nach Vertragsbeendigung („nachlaufende Serienschäden") werden von der alternativen Klausel gedeckt.

- Ein Nachteil ist aber, dass es bei der alternativen Klausel überhaupt keinen Versicherungsschutz gibt, wenn das allererste Einzelereignis der Serie vor Beginn des Versicherungsverhältnisses eintrat.

Beispiele

Beispiel 1: Im obigen Beispiel 3 hätte die Waldmann GmbH bei einer alternativen Serienschadenklausel keinen (!) Deckungsschutz, weil alle Einzelschadensereignisse auf den Zeitpunkt des Eintritts des allerersten Einzelereignisses zurückprojiziert werden – und in diesem Zeitpunkt bestand noch kein Versicherungsschutz!

Beispiel 2: Unterstellt man dagegen, dass das allererste Schadensereignis während des Versicherungsverhältnisses eingetreten ist, so werden alle nachfolgenden Einzelereignisse auf diesen Zeitpunkt zurück bezogen und wie *ein* Schadensereignis behandelt. Folge: Es steht für alle diese Ereignisse nur einmal die Versicherungssumme zur Verfügung (auf die Frage der jährlichen Maximierung kommt es dann gar nicht mehr an).

Beispiel 3: Sollte die Versicherung den Vertrag kündigen, bringt ihr das nichts: Denn aufgrund der Rückbeziehung *aller* Ereignisse werden auch nachfolgende Einzelereignisse noch gedeckt (nochmals: bei der *üblichen* Klausel werden nur die Ereignisse zurück bezogen, die *während* der Laufdauer des Versicherungsvertrags eintreten - aber: die Versicherungssummen stehen für *alle* diese Serienschadensereignisse nur im Rahmen der jährlichen Maximierung zur Verfügung).

---

[135] *Littbarski*, Produkthaftpflichtversicherung, Verlag C. H. Beck, München 1999, Ziffer 4, Ziffer 8, Rn. 22.

9. Abschließende Tipps und Hinweise

9.1 Zusammenstellung des Versicherungsschutzes

Bei der maßgeschneiderten Zusammenstellung ist unter anderem Folgendes zu beachten:

Praxistipp

- Konkretes Haftungs-Risiko ermitteln!

- Danach entscheiden, welche Bausteine benötigen werden: Reicht eine einfache AHB-Deckung (selten im Produktionsgewerbe) oder ist eine PHB-Deckung erforderlich? Welche Bausteine der PHB-Deckung werden wirklich benötigt?

- Welche Serienschadenklausel soll gewählt werden?

- Sind die Versicherungssummen ausreichend hoch?

- Müssen Auslandsschäden abgedeckt werden und wenn ja, für welche Länder und in welcher Höhe?

- Ist der Abschluss einer Rückrufkostenversicherung notwendig?

- Wurden beim Abschluss großer oder haftungsträchtiger Verträge diese dem Versicherer zur Bestätigung des Versicherungsschutzes und zur Abstimmung vorgelegt?

- Einen im Versicherungsrecht erfahrenen Anwalt nehmen! Grundsätzlich besteht dabei die freie Auswahl, auf Vorschläge der Versicherung muss man sich also nicht einlassen.

- Dabei besonders auf folgende Eigenschaften achten: Sachkunde, Motivation, Praxiserfahrung, technisches Verständnis, hohe juristische Qualifikation sowie Verhandlungsgeschick.

9.2 Obliegenheiten im Schadensfalle

§§ 62, 32 VVG

Mit Eintritt des Versicherungsfalles beginnt für den Versicherungsnehmer die **Obliegenheit zur konkreten Schadensabwendung und -minimierung**, §§ 62, 32 VVG:

Praxistipp

- Unverzügliche Anzeige des Versicherungsfalles an den Versicherer
- Anzeige etwaiger Ermittlungsverfahren
- Selbständige Maßnahmen zur Schadensminimierung
- Kein Anerkenntnis und keine Befriedigung der Ansprüche ohne Zustimmung des Versicherers
- Weitere Obliegenheiten ergeben sich im Einzelnen aus den Versicherungsbedingungen

Befreiung des Versicherers von der Einstandspflicht

Erfüllt der Versicherte diese Obliegenheiten grob fahrlässig oder vorsätzlich nicht, ist der Versicherer von seiner Einstandspflicht befreit.[136] Nach § 63 VVG kann der Versicherungsnehmer aber die **Aufwendungen** für diese Obliegenheitserfüllung vom Versicherer verlangen.

Mit welchen Schadensmeldungen Versicherungen rechnen müssen, zeigen folgende Beispiele aus der Versicherungspraxis:

Beispiele

Beispiel 1: „Heute schreibe ich zum ersten und letzten Mal. Wenn Sie dann nicht antworten, schreibe ich gleich wieder!"

Beispiel 2: „Ich habe bei Ihrer Versicherung schon so viele Formulare ausfüllen müssen, dass es mir bald lieber wäre, mein geliebter Mann wäre überhaupt nicht gestorben."

Beispiel 3: „Ich habe gestern Abend auf der Heimfahrt einen Zaun in etwa 20 m Länge umgefahren. Ich wollte Ihnen den Schaden vorsorglich melden, bezahlen brauchen Sie nichts, denn ich bin unerkannt entkommen."

---

[136] Kullmann / Pfister / Nickel, Produzentenhaftung, Losebl. Ausgabe, 6810 S. 21.

Kapitel 19: Risikoverringerung durch gesellschaftsrechtliche Gestaltungen

Weiterführende Literatur:

Bamberger/ Roth/ *Spindler*, BGB, Kommentar, 1. Auflage 2003, Verlag C. H. Beck, München 2003, § 823, Rn. 547 ff; *Hommelhoff*, Produkthaftung im Konzern, ZIP 1990, 760 ff; *Oehler,* Produzentenhaftung im Konzern- Deliktsrecht und Haftungsbeschränkung, ZIP 1990, 1445.

Literatur

Die Frage der Rechtsformwahl stellt sich **nicht nur bei Gründung** eines Unternehmens, sondern **auch** dann, wenn es um **Umstrukturierungen** geht.

1. Entscheidungskriterien[137]

Rechtsformwahl

Die Wahl der Rechtsform hat dabei Einfluss auf die Rentabilität des Unternehmens, auf die steuerliche Einordnung, auf den zu betreibenden Organisationsaufwand, auf die Gründungs- und Führungskosten und viele andere Aspekte.

Empfehlenswert ist ein **stufenweises Vorgehen**:[138]

Praxistipp

- Zunächst sollten die **Ziele** für das Unternehmen festgelegt werden.

- Sofern möglich, sollte auch die **aktuelle Situation** des Unternehmens festgestellt werden.

- Die Merkmale, die eine bestimmte **Rechtsform** beschreiben, sind auch gleichzeitig die Entscheidungskriterien im Rahmen der Wahl.

- Gegebenenfalls können auch **betriebswirtschaftliche Entscheidungsmodelle** die Wahl erleichtern und unterstützen.

Für die in der Praxis wichtigsten Rechtsformen (Personengesellschaften, GmbH und AG) werden in folgender Tabelle die **wichtigsten Kriterien der Rechtsformwahl** gegenübergestellt. Im Rahmen der Produkthaftung kommt naturgemäß der Haftungsbeschränkung eine herausragende Bedeutung zu.

---

[137] Umfassend zu den Entscheidungskriterien bei Personengesellschaften: Scherer/Haas/Beyer, Gesellschaftsrecht Band 1, 1999, S. 1 ff.
[138] *Nonnenmacher*, Beck'sches Handbuch der GmbH, § 1, Rn. 11 ff.

Übersicht über wichtige Entscheidungskriterien

Kriterium	Personengesellschaften (GbR OHG KG)	GmbH	AG
Außenhaftung der Gesellschafter	Haftung im vollen Umfang mit dem persönlichen und dem gesamthänderisch gebundenen Gesellschaftsvermögen	Haftung nur bis zur Höhe der Einlage	Haftung nur in Höhe der gehaltenen Anteile

2. Spezielle Möglichkeit: Die Betriebsaufspaltung

Eine Betriebsaufspaltung ist die **Spaltung eines Unternehmens in mehrere rechtlich selbständige Unternehmen**, welche auch verschiedene Rechtsform haben können.

Betriebsaufspaltung

Standardfall ist die Aufspaltung in ein **Besitz-** und ein **Betriebsunternehmen**. Betriebsunternehmen übernehmen die Produktion; für sie wird regelmäßig eine wenig haftungsintensive Rechtsform gewählt: die GmbH. Den Besitzunternehmen dagegen gehören Grundstücke und Betriebsmittel, welche an die Betriebs-GmbH vermietet oder verpachtet werden. Denkbar ist auch eine weitere Aufteilung in eine **Vertriebs-GmbH**, wodurch eine zusätzliche Haftungsminimierung erreicht wird.

Vertriebs-GmbH

Mit Hilfe der Rechtsinstitute der **Abspaltung und Ausgliederung** lässt sich diese Gestaltungsmöglichkeit relativ einfach im Wege der partiellen Universalsukzession durchziehen (§ 131 UmwG).

Abspaltung und Ausgliederung

Steuerrechtliche Aspekte

Steuerrechtlich liegt dann keine Betriebseinbringung im Sinne von § 20 UmwStG vor, wenn eine enge sachliche und personelle Verflechtung zwischen Besitz- und Betriebsunternehmen verbleibt - es erfolgt beim Übergang der Wirtschaftsgüter dann keine Gewinnrealisierung.[139]

Anlagevermögen

Das **Bestreben**, das **Anlagevermögen von der Haftung freizuhalten**, wird aber nicht immer erreicht: Denn selten wird eine Bank der Betriebs-GmbH Kredite gewähren, wenn nicht die Besitz-Gesellschaft entsprechende Sicherheiten am Anlagevermögen bestellt. Auch konzernrechtliche Haftungsverhältnisse können dieses Bestreben zunichte machen. Bei anderen Haftungsrisiken (etwa aus der Produkthaftung) kann aber eine wirksame Risikosenkung erreicht werden.

Qualifiziert-faktischer Konzern

Durch die **Haftung im so genannten qualifiziert-faktischen Konzern**[140] kann es dazu kommen, dass ein Mehrheitsgesellschafter oder Gesellschafter-Geschäftsführer einer GmbH auch bei einer Betriebsaufspaltung mit seinem Privatvermögen haftet.

Die Einräumung dauernder Leitungsmacht, etwa durch einen Beherrschungs- oder Gewinnabführungsvertrag, ist dazu noch nicht einmal nötig; das rein faktische Vorliegen einer solchen Konstellation reicht für die Haftung vollkommen aus. In diesem Fall kann der Gläubiger des insolvent gewordenen beherrschten Unternehmens (Betriebs-GmbH) das herrschende Unternehmen (Besitz-GmbH) beziehungsweise den Gesellschafter-Geschäftsführer in seiner Rolle als weiterer Unternehmer unmittelbar auf Zahlung in Anspruch nehmen, sofern die von der Rechtsprechung statuierten Voraussetzungen erfüllt sind:
Der die Betriebs-GmbH beherrschende Gesellschafter-Geschäftsführer der Besitz-GmbH muss die **Konzernleitungsmacht in rücksichtsloser Weise zu Lasten der abhängigen Gesellschaft ausüben**, ohne dass **Einzelkompensationsmöglichkeiten** diese Nachteile ausgleichen würden.

---

[139] BMF-Schreiben vom 22.01.1985, BStBl. I, 97.
[140] Analog §§ 302, 303 AktG besteht eine Haftung, wenn der Gesellschafter-Geschäftsführer neben der GmbH ein weiteres Unternehmen (auch freiberuflich) betreibt oder unter Ausübung der Leitungsmacht Gesellschafter eines anderen Unternehmens ist.

Beispiele: Nachteilige Lieferungen und Leistungen des beherrschten Unternehmens an das herrschende ohne angemessene Gegenleistung (Ausbluten-Lassen); Übernahme unangemessener Risiken durch das beherrschte Unternehmen ohne entsprechende Gegenleistung des herrschenden Unternehmens; Unvorteilhafte Aufteilung der Marktsegmente; einseitige Preisabsprachen

Beispiele

Daher sollten folgende Tipps beherzigt werden, um der Haftung im qualifiziert-faktischen Konzern zu entgehen:

- In erster Linie: Vermeidung des oben genannten Konzerntatbestands

- Ansonsten: Jedes Unternehmen sollte wie eine eigene Gesellschaft geführt werden

- Strenge Trennung von Buchführung und Dokumentation in den verschiedenen Unternehmen

- Strenge Zuordnung von Forderungen und Verbindlichkeiten sowie Vermögensgegenständen zu den einzelnen Unternehmen

- Leistungsaustauschbeziehungen zwischen den Unternehmen müssen ausgewogen und nachvollziehbar sein

- Bestätigung einer ordnungsgemäßen Geschäftsführung im maßgebenden Verlustjahr durch einen Wirtschaftsprüfer oder Steuerberater

- Nach Möglichkeit: Personenverschiedenheit von Gesellschaftern und Geschäftsführern in Betriebs- und Besitzunternehmen

Praxistipp

„**Prozessflucht in die USA**

Im Prozesspoker um die Brandkatastrophe der Kapruner Bergbahn, bei der vor mehr als drei Jahren 155 Menschen zu Tode kamen, haben der amerikanische Anwalt Ed Fagan und sein deutscher Mitstreiter Michael Witti einen Coup gelandet: Die amerikanische Richterin Shira Ann Sheindlin vom New Yorker Bezirksgericht gestattete Hinterbliebenen von Opfern, sich bis zum 23. Januar einer US-Sammelklage gegen die technischen Zulieferer der Unglücksbahn anzuschließen, sofern sie dies ausdrücklich wollten. Angesichts der in Aussicht gestellten 150 Millionen Euro Schadensersatz wollen viele. […]

Ein Präzedenzfall: Die Folgen der US-Entscheidung reichen weit über Kaprun hinaus. ‚Theoretisch ist es jetzt jedem Nichtamerikaner möglich, die US-Tochter eines ausländischen Unternehmens im Wege einer Sammelklage zu belangen.' […] Bei allen weltweit vertriebenen Produkten – etwa Medikamenten – könnten sich die Prozessrisiken der Herstellerfirmen erheblich erhöhen. […]

Auf diese Weise erwirtschaftet die Industrie der Klägervertreter in den Vereinigten Staaten jährlich geschätzte 40 Milliarden Dollar – doppelt so viel wie der Coca-Cola-Konzern. […]"

(Focus 2/2004)

Kapitel 20: Grundzüge der internationalen Produkthaftung

Weiterführende Literatur:

Gildeggen, Internationale Handelsgeschäfte, Vahlen Verlag, München 2000, S. 75 ff; *Häberle/ Lißne,* Handbuch für Kaufrecht. Rechtsdurchsetzung und Zahlungssicherung im Außenhandel- internationale Produkthaftung, Eigentumsvorbehalt, Schiedsgerichtsbarkeit, gerichtliche Durchsetzung und Vollstreckung, internationale Zahlungs- und Sicherungsinstrumente, Incoterms, Oldenbourg-Verlag, 2002; *Von Hein,* Grenzüberschreitende Produkthaftung bei „Weiterfresserschäden, RIW 2000, 820 ff; *Huber,* Internationales Deliktsrecht nach der Reform, JA 2000, 67 ff; *Kreuzer,* Kollisionsrechtliche Probleme der Produkthaftung, IPRax 1982, 1 ff; *Littbarski,* Zum Stand der internationalen Produkthaftung, JZ 1996, 231 ff; *Möllers,* Nationale Produzentenhaftung oder europäische Produkthaftung?, VersR 2000, 1177 ff; *Nagel,* Internationales Produkthaftungsrecht im transatlantischen Konflikt der Rechtsordnungen, DB. 2001, 1075 ff; *Roth,* Die Grundfreiheiten und das IPR- das Beispiel Produkthaftung, Gedenkschrift für Alexander Lüderitz Verlag C.H. Beck, München 2000, S. 635 ff; *Scherer/ Butt/ Reimertshofer,* Risiken der internationalen Produkthaftung aus der Sicht des deutschen Unternehmers, DB 1999, 469 ff; *Thom,* Internationale Produkthaftung des Zulieferers, IPRax 2001, 561 ff.

Literatur

Den zitierten Aufsatz Scherer/Butt/Reimertshofer, Risiken der internationalen Produkthaftung aus der Sicht eines deutschen Unternehmers, DB 1999, 469 ff finden Sie als Volltext unter

http://www.sdr-wirtschaftsrecht.de

Praxistipp

Beispiel

Die Waldmann GmbH will ihr Geschäftsfeld erweitern und einige ihrer Produkte über ein Vertriebsnetz auch in die USA exportieren. Geschäftsführer Großmann will sich vorher absichern und informiert sich bei seinem Rechtsanwalt Dr. Matlock über die Haftungsrisiken.

Bedeutung der internationalen Produkthaftung

Im Zuge zunehmender **Globalisierung der Märkte** gewinnt die internationale Produkthaftung immer mehr an Bedeutung. Unternehmen bestellen wie selbstverständlich Teilprodukte aus den verschiedensten Ländern, exportieren umgekehrt bewusst oder unbewusst auch ins Ausland. Größere Unternehmen, die sich allein auf den deutschen Markt konzentrieren, gibt es de facto nicht mehr.

Dabei ist über die Risiken selbst bei Export-Unternehmen häufig wenig bekannt. Man vertraut darauf, es werde schon nichts passieren.

Dabei ist es beispielsweise für eine Haftung nicht einmal nötig, dass das Unternehmen gezielt etwa in die USA exportiert; es reicht schon, wenn das Produkt durch den üblichen Warenstrom dorthin gelangt.

Um für den Fall der Fälle gerüstet zu sein, sollten zumindest die **Grundzüge der internationalen Produkthaftung** bekannt sein.

Der nachfolgende Einstieg in die Problematik erhebt keinen Anspruch auf Vollständigkeit.

Zum besseren Verständnis vorab einige wichtige Begriffe:

Begriff	Bedeutung	Beispiel
Internationale Zuständigkeit	In welchem Land wird die Rechtsstreitigkeit entschieden?	In Deutschland oder in den USA?
Örtliche Zuständigkeit	An welchem Ort dieses Landes wird der Rechtsstreit entschieden?	In New York oder in Houston?
Anwendbares Recht	Das Recht welchen Landes/Staates hat das entscheidende Gericht zu beachten.	Es kann passieren, das ein deutsches Gericht nach US-Regeln entscheiden muss, etwa wenn zwar ein deutscher Gerichtsstand vereinbart ist, aber eine Rechtswahlklausel vergessen wurde und nach internationalem Privatrecht US-Recht anzuwenden ist.
Zustellung	Offizieller Akt der Übergabe. Nur durch eine Zustellung erfährt man von einer Klage beziehungsweise vom Inhalt eines Urteils.	Die Zustellung kann etwa durch die Post nach bestimmten formalen Regeln erfolgen.
Anerkennung und Vollstreckung	Umsetzung des Urteils durch den Heimatstaat des Unterlegenen.	Allein das Urteil nutzt nichts: Es muss auch umgesetzt (vollstreckt) werden, etwa durch Gerichtsvollzieher.

1. Produkthaftung in den USA

1.1 Einleitende Beispiele

- Brennende Tanks -

Beispiel „Brennende Tanks"

Am 11.7.1999 wurde der Automobilhersteller **General Motors** in erster Instanz von einem Geschworenengericht in Los Angeles zu einer Rekordsumme von umgerechnet etwa 9,3 Mrd. DM verurteilt.[141] Obwohl dieser enorme Betrag kurz darauf auf etwa ein Viertel reduziert wurde, sorgte das Urteil für großes Aufsehen - und für die Bestätigung der Vorurteile (?) bezüglich US-amerikanischer Rechtskultur.

Was war passiert?[142] „Am Heiligabend 1993 fuhr Patricia Anderson mit ihren vier Kindern und einem Freund von der Kirche nach Hause. Als sie vor einem Stoppschild bremste, krachte ein anderes Auto mit etwa Tempo 80 von hinten in ihren Chevrolet. Dabei entzündete sich der Tank und der Wagen brannte aus. Drei der vier Kinder trugen an sechzig Prozent der Haut schwere Verbrennungen davon, einem davon verbrannte ein Ohr vollständig und außerdem die Hand so sehr, dass sie abgenommen werden musste. Das vierte Kind und die beiden Erwachsenen erlitten weniger schlimme Brandwunden.

Zwar war eindeutig der Fahrer des anderen Wagens an dem Unfall schuld, der zudem 2,0 Promille Alkohol im Blut hatte. Doch unter normalen Umständen hätte bei diesem Unfall der Chevrolet nicht in Brand geraten dürfen. Aufgrund eines Konstruktionsfehlers war der Tank nur 28 Zentimeter von der Stoßstange entfernt angebracht worden, und zwar so, dass er bei genau solchen Auffahrunfällen in Brand geraten konnte.

Wie das Gericht ermittelte, war den Managern von General Motors der Konstruktionsfehler bekannt, der bei mehreren Modellen aus den Jahren 1979 bis 1983 auftrat. In internen Papieren wurden 38 Zentimeter als minimaler Abstand gefordert und die Behebung des Mangels diskutiert - im Falle des Modells Malibu hätte das 9 Dollar pro Fahrzeug gekostet. An dieser Stelle begannen die Macher bei GM offenbar die Bleistifte zu spitzen und zu kalkulieren, dass mögliche Schadenersatzansprüche den Konzern billiger kämen, als eine Behebung des Fehlers. Als Beleg dafür galt den Geschworenen eine interne Kostenanalyse von Edward Ivey aus dem Jahr 1973. Unter der Annahme, dass "jeder Todesfall einen Preis von 200.000 Dollar hat" und höchstens 500 Tote per Jahr durch Tankfeuer zu erwarten wären, kostete jeder solche tödliche Unfall GM nur 2 Dollar 40 pro Auto." Durch das Urteil wurden diese Rechenexempel von GM bitter bestraft.

---

[141] Patricia Anderson v. GMC, vgl. Süddeutsche Zeitung vom 12.7.1999.
[142] TAZ vom 12.7.1999.

- Kalter Kaffee -

Weithin bekannt ist auch der Fall aus dem Jahre 1994, in dem sich eine Dame beim Genuss einer Tasse Kaffee in einer **Fast-Food-Kette** verbrühte, weil der **Kaffee heißer als üblich** ausgeschenkt wurde.[143] Die Fast-Food-Kette wurde zu Schadensersatz in Höhe des weltweiten (!) Tagesumsatzes an Kaffee dieser Kette verurteilt. Der Anspruch wurde später auf den Umsatz in den USA reduziert.

Beispiel „Kalter Kaffee"

- Ungesunde Ernährung -

Die Verbraucher in den USA scheuen auch nicht davor zurück, Unternehmen für eigenes Fehlverhalten verantwortlich zu machen. So verklagte ein **schwergewichtiger Amerikaner** vier US-Imbissketten auf Entschädigung.[144] Er aß früher fünfmal wöchentlich bei McDonald's, Burger King, Wendy's und Kentucky Fried Chicken. Inzwischen hatte er zwei Herzinfarkte und leidet unter Diabetes, hohem Blutdruck und Cholesterinspiegel. Der Vorwurf: Das **Essen** war **zu fett**.

Beispiel „Ungesunde Ernährung"

- Lipobay -

Aktuell bekannt sind die anstehenden Sammelklagen gegen den **Pharma-Konzern Bayer** in den USA im Zuge der Todesfälle durch den Gebrauch eines Cholesterin-Senkers („**Lipobay**"). Auch hier drohen Bayer neben Schadensersatz Strafen in Milliardenhöhe.

Was war geschehen?[145] „Der Chemie- und Pharmakonzern Bayer sieht sich mit mehr als 2.000 Klagen in Zusammenhang mit dem Cholesterinsenker Lipobay konfrontiert. Der Großteil der Klagen sei in den USA eingereicht worden, sagte ein Sprecher des Unternehmens am Mittwoch in Leverkusen. Darüber hinaus gäbe es jedoch weitere 36 Klagen außerhalb der USA.

Im Spätsommer 2001 zog Bayer die Notbremse und nahm seinen Cholesterinsenker vom Markt. Weltweit kam es zu mehreren hundert Todesfällen, dem Medikament wurde zumindest eine Mitschuld vorgeworfen. Auch bei anderen Cholesterinsenkern sind heftige Nebenwirkungen wie Übelkeit, Krämpfe oder gar Muskelschwund keine Seltenheit, bei Lipobay überstieg jedoch die Häufigkeit und Schwere der Fälle ein mit den positiven Wirkungen zu rechtfertigendes Ausmaß.

Der Vorwurf an Bayer: mangelnde Aufklärung, unzureichende Warnhinweise und schlechtes Krisenmanagement."

Beispiel „Lipobay"

---

[143] *Schmitz*, Notwendiger Verbraucherschutz oder übertriebene Strafe? Schadensersatzzahlungen in den USA, JuS 1999, 941 ff.
[144] Auszug aus der Süddeutschen Zeitung vom 27.7.2002.
[145] dpa-AFX vom 7.8.2002.

1.2 Internationale Zuständigkeit

Internationale Zuständigkeit

Beispiel

Die Waldmann GmbH exportiert ihre Toaster auch in die USA. Dort werden diese sowohl an Hotelketten als auch an Verbraucher geliefert. Leider kommt es auch in den USA zu Kurzschlüssen. Dabei wird die US-Verbraucherin Shari Shawn verletzt. Auch der deutsche Tourist Dieter Draum wird während eines Hotelaufenthaltes am Frühstücksbuffet durch einen brennenden Toaster verletzt. Geschäftsführer Großmann fragt sich nun, was auf die Waldmann GmbH zukommen kann.[146]

Einen weiteren Toaster dieser Serie nimmt ein deutscher Kunde der Waldmann GmbH, Sven Snob, in seinen USA-Urlaub mit, da er ohne seinen Toaster nirgendwo hinfährt. Als er den Toaster auf seinem Hotelzimmer in Betrieb setzt, kommt es zu einem kurzschlussbedingten Brand, bei dem Dolly Dollar, ein amerikanischer Hotelgast aus dem Nebenzimmer, Verbrennungen durch das übergreifende Feuer davon trägt.

Recht des betreffenden Bundesstaats

Die internationale Zuständigkeit richtet sich grundsätzlich nach dem **Recht des betreffenden Bundesstaats**. Da aber keine Abstimmung der Staaten untereinander bestehen muss, herrscht in diesem Bereich große Rechtsunsicherheit.

„due process of law"

Stets ist dabei der Grundsatz **„due process of law"** zu beachten (14. Verfassungszusatz), nach dem die Zuständigkeitsbegründung fair und vernünftig sein muss.

Eine Zuständigkeit kann sich unter folgenden Gesichtspunkten ergeben:

Minimum contacts und long arm statutes

Minimum contacts und long arm statutes

Praxistipp

- Erforderlich sind gewisse Mindestkontakte des Beklagten zum Forumsstaat (also zu dem Staat des angerufenen Gerichts).

- In der Regel reicht es aus, wenn der Beklagte damit rechnen muss, dass sein Produkt im Forumsstaat in den Verkehr kommt - und sei es nur durch den „stream of commerce". Das bedeutet im Klartext: Ein gezielter Exportvorgang ist nicht erforderlich!

- „Long arm statutes" begründen dagegen in einigen Staaten per Generalklausel oder Katalog die Zuständigkeit.

---

[146] Beispiel angelehnt an: Scherer/Butt/Reimertshofer, Risiken der internationalen Produkthaftung aus der Sicht eines deutschen Unternehmers, DB 1999, 473.

Nachhaltige Tätigkeit im Forumsstaat

- Dazu muss das Unternehmen (nicht nur vorübergehend) seiner Geschäftstätigkeit im Bundesstaat nachkommen (doing business).

- Ein Durchgriff auf ausländische Muttergesellschaften ist möglich, wenn die amerikanische Tochter reine Vertreterin ist (agency) oder von der Muttergesellschaft weitgehend kontrolliert wird (domination).

Praxistipp

Gerichtsstand der unerlaubten Handlung

- Da die Schädigung durch ein Produkt eine Begehung einer unerlaubten Handlung sein kann, kommt auch dieser Gerichtsstand in Frage (commission of a tortious act).

- Erforderlich ist, dass der Beklagte aufgrund seines Verhaltens und seiner Beziehungen zum Forumsstaat vorhersehen kann, dort verklagt zu werden (due process).

Praxistipp

Abwehr durch den Einwand des forum non conveniens

- Dieser Einwand ist begründet, wenn die Gerichtswahl des Klägers dem Beklagten oder dem Gericht einen unverhältnismäßigen Aufwand verursachen würde und der Rechtsstreit bei einem Alternativforum besser aufgehoben wäre.

- Der Einwand greift jedoch nur selten durch, hauptsächlich in Fällen, in denen durch Nicht-Amerikaner versucht wird, durch Klage vor US-Gerichten höheren Schadensersatz zu bekommen.

Praxistipp

Im Ausgangsfall muss die Waldmann GmbH damit rechnen, wegen der Schädigung der Shari Shawn vor einem US-Gericht verklagt zu werden. Hinsichtlich der Schädigung von Dieter Draum ist dies aufgrund des due-process-Grundsatzes und der forum-non-conveniens-Lehre unwahrscheinlich, aber nicht völlig ausgeschlossen.

Bei der Schädigung von Sven Snob ist wohl wie bei Dieter kein US-Verfahren zu befürchten; aufgrund der stream-of-commerce-Regel wäre dies bezüglich der Verbrennungen von Dolly Dollar aber zu erwarten.

Beispiel

1.3 Örtliche Zuständigkeit

Örtliche Zuständigkeit

Örtlich zuständig ist je nach **Anknüpfungspunkt** der Ort, an dem das Produkt in Verkehr gebracht wurde, der Sitz des Beklagten bzw. seiner Tochtergesellschaft oder der Ort der schädigenden Handlung.

1.4 Anwendbarkeit von US-Recht

US-Recht

Wird ein Nicht-US-Bürger vor einem US-amerikanischen Gericht verklagt, gilt in der Regel US-Recht (**lex fori** = Recht des Gerichtsstands).

In den meisten Staaten besteht jedoch die Möglichkeit, vor dem Streitfall die Anwendbarkeit einer bestimmten Rechtsordnung zu **vereinbaren**.

Tipp:

Praxistipp

- In Verträge unbedingt Rechtswahlklauseln aufnehmen.
- Hinweis: Diese greifen aber nicht, soweit nicht der Vertragspartner, sondern Dritte geschädigt sind.

1.5 Die Unterschiede zwischen deutschem und US-Schadensersatz

US-Schadensersatz

Die Besonderheit im US-amerikanischen Produkthaftungsrecht ist der Umstand, dass der Begriff des Schadensersatzes nicht mit dem deutschen Verständnis übereinstimmt.

„compensatory damage"

Zwar gibt es auch in den USA Schadensersatz im Sinne von § 249 BGB, also die Summe, die nötig ist, um einen Vermögensschaden zu kompensieren. Diese Art von Schadensersatz wird als so genannter „**compensatory damage**" bezeichnet und ist in der Regel nicht höher als in Deutschland.

Daneben allerdings gibt es noch eine zweite Art von „Schadensersatz", die zu der ersten hinzukommen kann: Es handelt sich dabei um die so genannten **„punitive damages (Strafschadensersatz)"**. Sie dienen dem Interesse des Staates, unrechtmäßiges Verhalten zu bestrafen und vor Wiederholungen abzuschrecken[147] (Spezial- und Generalprävention). Punitive damages stellen also eine strafrechtliche Komponente dar, die dem deutschen Recht in Bezug auf Unternehmen als solche fremd ist.

„punitive damages (Strafschadensersatz)"

> Im Fall Patricia Anderson ./. General Motors wurden besonders eindrucksvoll punitive damages verhängt: Hier wurde die Kosten-Nutzen-Rechnung von General Motors bestraft. Die Kommerzialisierung der zu erwartenden Toten sollte sanktioniert werden.

Beispiel

Der Schädiger soll also dafür bestraft werden, dass er eine Gefährdung beziehungsweise Schädigung in Kauf genommen hat, um eigene Interessen, insbesondere Gewinnmaximierung, zu verfolgen.

> In dem eingangs genannten Fall der Fast-Food-Kette war dieser vorgeworfen worden, den Kaffee heißer als nötig und üblich auszuschenken, da hierdurch weniger Kaffeepulver benötigt wurde. Man setzte also die eigenen Kunden der Gefahr der Verbrühung aus, um Kosten zu sparen. Ein solches Verhalten gilt als besonders rücksichtslos und soll bestraft werden.[148]

Beispiel

1.6 Entscheidung über die punitive damages

Sowohl über Vergabe als auch über Höhe von punitive damages entscheidet im Regelfall eine **Jury**. Zum Teil kann der **Richter** anschließend die Höhe noch vermindern, wenn sie ihm als übermäßig erscheint.[149]

damages

Die **Auswahl der Jury** erfolgt dabei nach den Grundsätzen der Gleichverteilung: Ihre Zusammensetzung (sechs bis zwölf Ge-

Die Jury

---

[147] *Schmitz*, Notwendiger Verbraucherschutz oder übertriebene Strafe? Schadensersatzzahlungen in den USA, JuS 1999, 941 ff.
[148] *Schmitz*, Notwendiger Verbraucherschutz oder übertriebene Strafe? Schadensersatzzahlungen in den USA, JuS 1999, 941 ff.
[149] *Schmitz*, Notwendiger Verbraucherschutz oder übertriebene Strafe? Schadensersatzzahlungen in den USA, JuS 1999, 941 ff.

schworene) soll dabei den verschiedenen Bevölkerungsschichten entsprechen. Aus der Liste potentieller Geschworener können einzelne von jeder Seite abgelehnt werden, so dass sich am Ende die endgültige Jury herauskristallisiert. Die Jury entscheidet alle Tatsachenfragen (also auch über die Höhe des Schadens), der Richter entscheidet Rechtsfragen und hat im Übrigen lediglich Belehrungs- und Schiedsrichterfunktion.[150]

1.7 Rechtsgrundlage der punitive damages

Rechtsgrundlage der punitive damages

Eine weitere Besonderheit besteht darin, dass es kaum eine einheitliche **Rechtsgrundlage** für Schadensersatz gibt, die in den ganzen USA gleichermaßen gelten würde. Rechtsgrundlagen finden sich deshalb sowohl in den Rechtsordnungen der einzelnen Staaten als auch in der Rechtsordnung des Bundes. Rechtsgrundlage kann aber auch common law sein (Gewohnheits- und Richterrecht).[151]

Die Höhe des Urteils

In einigen Staaten werden dabei in den Gesetzen klare **Grenzen für die Höhe** des Urteils gezogen. Auch wird zum Teil vorgegeben, wie viel von der zugesprochenen Summe tatsächlich der Kläger und wie viel andere Organisationen bekommen.

Beispiele

Beispiel 1: In Missouri etwa erhält der Kläger nach Begleichung der Prozesskosten nur 50 % der Summe, der Rest geht in einen allgemeinen Schadensausgleichsfonds.[152]

Beispiel 2: In Utah kassiert der Staat von allen punitive damages, die über 20.000 $ liegen, die Hälfte ein.[153]

In den meisten Staaten fehlen solche exakten Regelungen jedoch;[154] dort entscheidet allein die Jury.

---

[150] *Hill-Arning / Wagener*, Produkthaftung international, 1995, S. 38.
[151] *Schmitz*, Notwendiger Verbraucherschutz oder übertriebene Strafe? Schadensersatzzahlungen in den USA, JuS 1999, 941 ff.
[152] Mo.Rev. Stat. § 537.675 (1994).
[153] *Schmitz*, Notwendiger Verbraucherschutz oder übertriebene Strafe? Schadensersatzzahlungen in den USA, JuS 1999, 941 ff.
[154] *Schmitz*, Notwendiger Verbraucherschutz oder übertriebene Strafe? Schadensersatzzahlungen in den USA, JuS 1999, 941 ff.

1.8 Berechnungskriterien

Bei den Berechnungskriterien gilt dasselbe: Auch sie sind von Staat zu Staat unterschiedlich und nur selten klar definiert. Dabei spielen folgende Umstände eine Rolle:[155]

Berechnungskriterien

Zunächst ist das **Interesse der Gesellschaft an der Bestrafung** der wichtigste Faktor. Damit soll der Grad der Schuld des Beklagten widergespiegelt werden. Je verwerflicher die Tat, umso höher die auferlegten punitive damages.

Interesse der Gesellschaft an der Bestrafung

> Als besonders verwerflich gilt die bloße Gewinnmaximierung auf dem Rücken des Kunden (vgl. Fall „Kalter Kaffee")[156].

Beispiel

Berücksichtigt wird aber auch die **Zahlungsfähigkeit des Beklagten**, da dieser nur bestraft, nicht aber wirtschaftlich ruiniert werden soll.

> Dass man unter diesem Begriff sehr viel verstehen kann, zeigt die horrende Summe, zu der General Motors verurteilt wurde (vgl. Einleitungsbeispiel).

Beispiel

Auch das **Verhältnis zwischen compensatory und punitive damages** ist zu beachten (Stichwort: Verhältnismäßigkeit), wobei sich hier die Jury weitgehend von ihrem Gefühl leiten lassen muss, da es keine fixen mathematischen Grenzen gibt.

> Dazu der unter 1.9 nachfolgende Fall Gore gegen BMW of North Amerika.

Beispiel

---

[155] *Schmitz*, Notwendiger Verbraucherschutz oder übertriebene Strafe? Schadensersatzzahlungen in den USA, JuS 1999, 941 ff.
[156] Vgl. Fall „Kalter Kaffee": oben S. 117.

1.9 Korrelat für punitive damages

Mittlerweile setzt sich aber wohl auch in den USA die Einsicht durch, dass derartig hohe Schadenssummen eines **Korrelats** bedürfen. In der Entscheidung des US Supreme Courts im **Fall Gore gegen BMW of North Amerika**[157] gingen die Richter - allerdings nur mit einer knappen Mehrheit von fünf zu vier Stimmen - davon aus, dass die Höhe der verhängten punitive damages gegen die Verfassung der Vereinigten Staaten verstieß. Dieses Urteil stieß auf ebensoviel Anklang (Industrie) wie Kritik (Verbraucherschützer).

Beispiel

Fall:[158] Die Kläger kauften von einem Vertragshändler von BMW im Bundesstaat Alabama einen neuen PKW. Später fand man heraus, dass der Wagen vor der Auslieferung an den Händler neu gestrichen worden war - man klagte auf Schadensersatz.
Begründet wurde dies damit, dass die Neulackierung nach dem Recht von Alabama angegeben hätte werden müssen. Der tatsächliche Vermögensschaden lag bei 4.000 US-$ (Abweichung vom Originalzustand). Darüber hinaus verlangte der Kläger punitive damages in Höhe von vier Mio. $ wegen vorsätzlichen Fehlverhaltens. Die Summe errechnete sich aus der Zahl der landesweit verkauften Fahrzeuge (1.000 Stück), die ebenfalls ohne Offenlegung neu gestrichen wurden. Die Beklagte gestand dieses Vorgehen im Prozess als Firmenpolitik ein.

Urteil 1: Die **Jury entschied** in allen Punkten zugunsten des Klägers und gab ihm im vollen Umfang recht. Der Richter lehnte eine Reduzierung der punitive damages ab.

Urteil 2: Die **nächste Instanz** hielt das Urteil aufrecht, reduzierte die Summe aber auf zwei Mio. $, da die Jury die Zahl aller verkauften Fahrzeuge in den USA und nicht nur in Alabama einbezogen hatte.

Urteil 3: Schließlich kippte der **US Supreme Court** die Höhe auch dieser verhängten punitive damages; nach Zurückverweisung nach Alabama wurde schließlich eine Höhe von 50.000 $ festgesetzt.

---

[157] *Schmitz*, Notwendiger Verbraucherschutz oder übertriebene Strafe? Schadensersatzzahlungen in den USA, JuS 1999, 941 ff.
[158] *Schmitz*, Notwendiger Verbraucherschutz oder übertriebene Strafe ? Schadensersatz zahlungen in den USA, JuS 1999, 941 ff.

Aus dem Urteil lassen sich folgende **Leitlinien** für die Produkthaftung im Hinblick auf punitive damages ableiten:

Leitlinien

> - Es muss zumindest eine objektive Rechtsverletzung vorliegen, die zu einem Schaden führt.
>
> - Die Verletzung muss dermaßen verwerflich sein, dass punitive damages dem Grunde nach angemessen sind.
>
> - Schließlich müssen die punitive damages auch der Höhe nach verhältnismäßig sein. Im Fall BMW v. Gore betrug das Verhältnis zwischen Schaden und punitive damages 1 : 500. Hier sah das Gericht die Grenze der Verhältnismäßigkeit überschritten, eine feste mathematische Grenze gab der Supreme Court aber nicht an.

Praxistipp

1.10 Anwälte und ihre Helfer

US-Anwälte sind im Vergleich mit deutschen Kollegen weitaus flexibler in der Honorargestaltung:

US-Anwälte

> - **Nach deutschem Recht** trägt grundsätzlich die unterliegende Partei die Kosten für den eigenen und den gegnerischen Anwalt (§§ 91 ff ZPO).
>
> - Einem deutschen Rechtsanwalt ist es auch untersagt, von vornherein auf sein **Honorar zu verzichten** (arg. e. § 3 V 1 BRAGO). Er wird nach festen Gebührensätzen abhängig von der Höhe des Streitwertes entlohnt (§ 1 I 1 BRAGO); darüber hinausgehende Honorarvereinbarungen müssen ausdrücklich getroffen werden (§ 3 I 1 BRAGO).
>
> - **Niedrigere Gebühren** können nur für außergerichtliche Tätigkeiten vereinbart werden (§ 3 V 1 BRAGO). **Erfolgshonorare** sind deshalb ebenfalls verboten.
>
> - **In den USA** trägt dagegen grundsätzlich jeder die eigenen Anwaltskosten, es sei denn, dass zwischen Kläger und Beklagtem etwas anderes vereinbart ist oder dass ein Gesetz eine andere Regelung vorsieht.[159]

Praxistipp

---

[159] Hill-Arning / Wagener, Produkthaftung international, S. 3.

> - In der Praxis ist dagegen die Vereinbarung bestimmter Stundensätze (mindestens 350 $ pro Stunde) oder eines Erfolgshonorars (contingency fees) zwischen Anwalt und Kläger üblich, welches oftmals bei 50 % der eingeklagten Summe liegt. Dies erklärt auch, warum die Klageforderungen immer höher und höher geschraubt werden. Auf Beklagtenseite bleibt es dagegen bei Stundensätzen.[160] Ebenso ist die Übernahme von Fällen unter vollständigem Verzicht auf ein Honorar möglich (so genannte Pro-Bono-Fälle; sie werden übernommen, weil sie viel Publicity versprechen). Auch für den Fall, dass der Beklagte obsiegt, trägt er seine Anwaltskosten selbst,[161] was dem Kläger viel Risiko abnimmt und die Klagebereitschaft nicht gerade mindert.

Mandantenwerbung in den USA

Mandantenwerbung ist in den USA ebenfalls in weitaus größerem Umfang erlaubt als im deutschen Recht; während in Deutschland anwaltliche Werbung mit Bezug auf das Einzelmandat verboten ist, beschäftigen US-amerikanische Anwälte eigene **Scouts**, die z.B. in Krankenhäusern auf „Opfer-Suche" gehen, um so an lukrative Schadensfälle heranzukommen.

Detektive

Um an Informationen hinsichtlich Beweismaterial, Gegner und Geschworene zu kommen, werden **Detektive** engagiert (sog. investigation); diese übernehmen neben der notwendigen Faktensammlung auch die Befragung von Zeugen, was gerade in großen Produkthaftungsfällen mit vielen Geschädigten von Vorteil ist.[162]

1.11 Versicherungsschutz

Versicherungsschutz für Produkthaftungsfälle in den USA

Wie bereits angesprochen[163], besteht zwar ein gewisser Versicherungsschutz auch für Produkthaftungsfälle in den USA; dieser ist jedoch aufgrund der dortigen Haftungssummen **meist vollkommen unzureichend**, so dass dringend eine **Zusatzversicherung** bzw. eine Erhöhung der Deckungssummen erforderlich ist. Zudem sind Haftungsfälle USA/Kanada in den Bedingungen oftmals ausgenommen. In Europa gibt es derzeit keine Möglichkeit, sich gegen die Verhängung von **punitive damages** zu versichern.

---

[160] Hill-Arning / Wagener, Produkthaftung international, S. 3.
[161] Hill-Arning / Wagener, Produkthaftung international, S. 39 f..
[162] Hill-Arning / Wagener, Produkthaftung international, S. 36.
[163] Vgl. oben Kapitel 18, Ziffern 4.2, 9.1.

Versicherungen dagegen werden in den USA und Kanada angeboten, die Beiträge dafür sind aber enorm hoch.

1.12 Zustellung ausländischer Schriftstücke

Grundsätzlich sind Zustellungen als Hoheitsakte auf fremdem Staatsgebiet unzulässig.[164]

Deshalb wurde die Zustellung im so genannten Haager Zustellungsübereinkommen (HZÜ) geregelt, welches sowohl in den USA als auch in Deutschland gilt; im Gegensatz zur vorher üblichen konsularischen Zustellung läuft das Verfahren über so genannte „Zentrale Behörden", ist aber dennoch teuer und langwierig.

Haager Zustellungsübereinkommen (HZÜ)

Hinweise:

- Zu beachten ist, dass auch eine Zustellung an eine amerikanische Tochtergesellschaft oder einen „officer, manager or general agent" des deutschen Unternehmens möglich ist, so dass in vielen Fällen das Problem der Auslandszustellung gar nicht besteht.

- Das *BVerfG* sieht es als zulässig an, punitive-damage-Klagen in Deutschland zuzustellen, auch wenn dem deutschen Schadensersatzrecht diese Rechtsfolge fremd ist.[165]

Praxistipp

Sollte es dazu kommen, dass in den USA Klage gegen die Waldmann GmbH erhoben wird, kann das Unternehmen nicht darauf hoffen, dass die Klage in Deutschland nicht zugestellt wird.

Beispiel

---

[164] BVerfGE 63, 343.
[165] BVerfGE 63, 343.

1.13 Anerkennung und Vollstreckung von US-Urteilen

Anerkennung und Vollstreckung von US-Urteilen

Nach klassischem Völkerrecht ist kein Staat verpflichtet, ausländische Gerichtsentscheidungen anzuerkennen; macht er es doch, kann er die Voraussetzungen dafür diktieren.[166] Daneben existieren noch multi- und bilaterale Abkommen über die Anerkennung von Urteilen.

Für Produkthaftungsfälle gilt:[167]

Praxistipp

- Danach ist ein ausländisches Urteil nicht anzuerkennen, wenn es ein Ergebnis in sich trägt, das mit wesentlichen Grundsätzen der deutschen Rechtsordnung offensichtlich nicht vereinbar ist.

- Der BGH hat dies bei US-amerikanischen punitive-damage-Urteilen angenommen.

- Dies gilt aber nur insoweit, als die Urteilssumme den gewöhnlichen Schadensersatz, ein angemessenes Schmerzensgeld und angemessene Anwaltskosten untragbar überschreitet.[168] Der „übliche" Betrag wird aber vollstreckt!

Beispiel

Sollte es zu einer Verurteilung der Waldmann GmbH in den USA kommen, ist also auch eine Vollstreckung des Urteils in Deutschland zu erwarten. Bezüglich der Verurteilung zu compensatory damages würde der gesamte Betrag vollstreckt werden; bezüglich einer etwaigen Verurteilung zu punitive damages würde auf Antrag allerdings keine Vollstreckung oder nur eine solche in angemessener Höhe erfolgen, sofern rechtzeitig zwangsvollstreckungsrechtliche Maßnahmen dagegen eingeleitet werden.

1.14 Fazit

Fazit

Für den Verbraucher ist der **Grundgedanke**, der hinter den punitive damages steht, gar **nicht so schlecht**: Es wird ihm dadurch erhöhter Schutz zuteil, auch finanziell kann ein Schaden ein lohnendes Geschäft sein.

---

[166] Vgl. §§ 328, 722, 723 ZPO.
[167] § 328 Nr. 4 in Verbindung mit § 723 II ZPO.
[168] BGH NJW 1992, 3096.

Aber auch für die **Industrie** muss dies nicht schädlich sein, zumindest dann, wenn man nicht der unmittelbar Betroffene ist: Denn auf diese Art und Weise können „schwarze Schafe" wirkungsvoll belangt werden.

Problematisch wird es erst deshalb, weil über die **Höhe** der punitive damages eine Jury entscheidet, die ein aufs andere Mal aus unterschiedlichen Menschen zusammengesetzt ist, so dass sich eine feste Leitlinie nicht ergibt. Zudem besteht das noch größere Problem der leichteren Beeinflussbarkeit von Laien.

Höhe der punitive damages

2. Produkthaftung in der EU

2.1 Internationale Zuständigkeit

Das Zuständigkeitsrecht innerhalb der EU ist **umfassend geregelt**, insbesondere durch die EuGVVO (Übereinkommen über die gerichtliche Zuständigkeit und die Vollstreckung gerichtlicher Entscheidungen in Zivil- und Handelssachen). Das Zuständigkeitsrecht der EU-Staaten im Hinblick auf die (ehemaligen) EFTA-Staaten ist durch das LugÜ (Lugano-Übereinkommen) geklärt. Inhalt und Systematik sind weitgehend deckungsgleich, daher werden in der Folge nur die Regelungen der EuGVVO dargestellt.

Produkthaftung in der EU

EuGVVO

Grundsätzlich sind dabei die Gerichte des Staates zuständig, in dem der Beklagte seinen Sitz hat (ohne Rücksicht auf dessen Staatsangehörigkeit).

Möglich sind in bestimmten Grenzen auch **Gerichtsstands-Vereinbarungen** mit dem Geschädigten, jedoch nur wieder innerhalb einer Vertragsbeziehung;[169] die Zuständigkeit kann auch durch **rügelose Einlassung** begründet werden.

Gerichtsstands-Vereinbarungen

---

[169] *Scherer*, Gerichtsstände zum Schutze des Verbrauchers in Sondergesetzen, 1991, S. 1 ff.

Art. 5 Nr. 3 EuGVVO

Speziell für **Produkthaftungsfälle** gilt Art. 5 Nr. 3 EuGVVO: Die Zuständigkeit richtet dabei nach dem Ort, an dem das schädigende Ereignis eintrat.

Praxistipp

- Für einen deutschen Export-Unternehmer kann dies also sowohl der Ort des Inverkehrbringens als auch der Ort des Schadenseintritts sein.
- Damit hat der Kläger die Wahl des Forums (so genanntes forum shopping).[170]

2.2 Örtliche Zuständigkeit

Örtliche Zuständigkeit

Nur in manchen Normen regelt die EuGVVO die örtliche Zuständigkeit. Im Übrigen ist sie in den Vorschriften **nationalen Rechts** verankert.

Praxistipp

- In Deutschland: §§ 12 ff ZPO (insbesondere §§ 12,13; 32; 29; 21 ZPO)
- Tipp: Die örtliche Zuständigkeit kann in Deutschland unter den Voraussetzungen der §§ 38, 40 ZPO vorab (falls der Geschädigte Vertragspartner ist) oder nachträglich mit dem Geschädigten vereinbart werden (Prorogation).

2.3 Anwendbares Recht

Produkthaftungs-Richtlinie

Durch die EG-Richtlinie 85/374/EWG sollte innerhalb der EU das Produkthaftungsrecht harmonisiert werden (**Produkthaftungs-Richtlinie**).

Da Richtlinien aber nicht unmittelbar, sondern erst nach Transformation in ein nationales Gesetz gelten und auch nur Minimalanforderungen vorgeben, ist die jeweilige nationale Umsetzung entscheidend. Die grundlegenden Züge der Produkthaftungs-Richtlinie sind jedoch in allen EU-Staaten dieselben; zudem

---

[170] „Mal schauen, welcher Gerichtsstand uns am meisten bringt…".

übernahmen auch die meisten EFTA-Staaten entsprechende Regelungen.

Beispiel: Der deutsche Gesetzgeber setzte die Produkthaftungsrichtlinie unter anderem durch das „ProdHaftG" um. Auch andere europäische Staaten machten dies, wobei die Kernregeln in etwa dieselben sind, in Randbereichen aber durchaus Unterschiede bestehen.

Beispiel

Gleiches gilt für die neue EG-Richtlinie zum Verbrauchsgüterkauf: Auf ihrer Grundlage wurde in Deutschland zum 01.01.2002 die **Schuldrechtsmodernisierung** vorgenommen. Da es sich dabei aber um die so genannte „große Lösung" handelt, also um eine in weiten Teilen nicht durch die Richtlinie gebotene Reform, kann nicht davon ausgegangen werden, dass entsprechende Regelungen in jedem EU-Staat vorhanden sind, wohl aber Minimalanforderungen in punkto Verbraucherschutz.

Schuldrechtsmodernisierung

Welche der nationalen Rechtsordnungen Anwendung findet, richtet sich nach dem **internationalen Privatrecht** des Staates, dessen Gericht international für die Entscheidung zuständig ist.

- In Deutschland ist dies im EGBGB geregelt.
- **Tipp**: Um dieses Prozedere zu umgehen (was im Zweifel auch Streitfälle vermeidet), sollten **Rechtswahlklauseln** in die Verträge aufgenommen werden (gelten aber nur gegenüber Vertragspartnern, nicht auch gegenüber sonstigen Geschädigten!).

Praxistipp

2.4 Zustellung ausländischer Schriftstücke

Auch hier gilt das **Haager Zustellungsübereinkommen (HZÜ)**; für die EU-Mitgliedsstaaten gibt es seit 1997 zwar ein eigenes Zustellungsabkommen, dieses bringt aber keine wesentlichen Änderungen mit sich.[171]

---

[171] Vgl. Scherer/Butt/Reimertshofer, Risiken der internationalen Produkthaftung aus der Sicht eines deutschen Unternehmers, DB 1999, 473.

2.5 Anerkennung und Vollstreckung ausländischer Entscheidungen

Dafür sind innerhalb der EU die EuGVVO entscheidend.

Art. 33 I EuGVVO

Nach deren Art. 33 I wird eine in einem Vertragstaat ergangene Entscheidung ohne besonderes Verfahren in allen anderen Vertragsstaaten anerkannt.

Art. 34, 35 EuGVVO

Die Art. 34, 35 EuGVVO regeln abschließend die Gründe für die Versagung der Anerkennung; wichtig ist dabei erneut der ordre-public-Vorbehalt[172] aus Art. 34 Nr. 1 EuGVVO.

3. Produkthaftung außerhalb der EU

Produkthaftung außerhalb der EU

Im Zuge der **EU-Osterweiterung** müssen die Beitrittskandidaten (und solche, die es werden wollen) sich schon im Vorfeld an die EU-Rechtsordnung annähern, da sie diese im Falle des Beitritts komplett übernehmen müssen.

Praxistipp

- So haben etwa Ungarn und Lettland bereits Produkthaftungsgesetze entsprechend der oben angesprochenen Produkthaftungs-Richtlinie erlassen; in anderen Ländern sind solche in Vorbereitung.

- Selbst **Japan, China und Russland** haben Produkthaftungsgesetze erlassen, was mit der zunehmenden Globalisierung der Weltmärkte zusammenhängt: Auf diese Weise lassen sich Geschäfte mit der EU erleichtern.

Dies alles sind nur einige wenige Beispiele, die Liste ließe sich beliebig fortsetzen. Es darf aber auch nicht verkannt werden, dass es Länder gibt, die keine analogen Regelungen aufweisen.

Tipps:

Praxistipp

- Vereinbarung von Rechtswahlklauseln
- Vereinbarung von Gerichtsstandsklauseln

---

[172] Ordre Public = Anerkennung der öffentlichen Ordnung des jeweiligen Staates.

4. Abschluss

Als Abschluss noch folgende kuriose Fälle:

Beispiel 1[173] „Die juristische Auseinandersetzung um dauerhafte Schäden durch Gewürzgurken der Schnellimbisskette McDonalds ist ausgestanden. Die Amerikanerin Veronica Martin, die auf 110.000 Dollar (rund 125.000 EUR) Schadensersatz geklagt hatte, einigte sich mit dem Konzern.

Martin hatte sich im Oktober 1999 eigenen Angaben zufolge durch eine extrem heiße Gewürzgurke Verbrennungen zweiten Grades am Kinn zugezogen. Sie sei durch die Verletzung dauerhaft entstellt […].

Außerdem hatte Martins Mann die Schnellimbisskette auf 15.000 Dollar (rund 17.000 EUR) Entschädigung verklagt. Grund waren die ihm durch den Unfall entgangenen Leistungen seiner Frau. […]."

Beispiel 2:[174] „Bei dem Verein für Blindenhunde „Southeastern Guide Dogs" in Florida erinnert man sich noch gut an diesen Fall: Ein Pfarrer und seine Frau verlangten 160.000 Dollar Schadenersatz, weil ein blinder Mann der Pfarrersfrau auf den Fuß getreten war und dabei ein Knochen brach. Der Blinde war das erste Mal mit einem Hund von „Southeastern Guide Dogs" unterwegs gewesen und hatte dessen Signale nicht verstanden. Die Klägerin hatte Herr und Hund zwar kommen sehen, ihnen aber nicht ausweichen wollen. Als die Pfarrleute erfuhren, dass der Blindenhund mittellos war, verklagten sie den Verein für Blindenhunde."

---

[173] AZ vom 15. April 2001.
[174] Die Zeit, 1.12.2002, Nr. 48.

Dabei taucht die Frage auf, ob amerikanische Verhältnisse auch bei uns Einzug halten werden. Erste Anzeichen dafür gibt es jedenfalls bereits:

Beispiel:[175] Ein 56-jähriger Frührentner, seit 40 Jahren Raucher, hatte den Hamburger Zigarettenkonzern Reemtsma auf Schadensersatz und Schmerzensgeld in Höhe von 214.000 EUR verklagt. Er machte den langjährigen Konsum von Zigaretten des Unternehmens für seine schlechte Gesundheit verantwortlich: Er hatte zwei Herzinfarkte erlitten.

Der Kläger argumentierte mit einer Verletzung der Hinweispflichten durch Reemtsma, da nicht auf die suchtsteigernde Wirkung hingewiesen worden sei. Dazu seien die Zigaretten bewusst manipuliert worden, da sie eine suchtfördernde Substanz enthielten.

Urteil: Das Gericht wies die Klage des Rentners ab.

Gründe: Der suchtfördernde Wirkstoff sei nicht bewusst zugesetzt worden, sondern entstehe automatisch als Nebenstoff beim Verbrennen zulässiger Zusatzstoffe wie Zucker.

Reemtsma habe auch seine Instruktionspflichten nicht verletzt, da alle gesetzlichen Vorgaben beachtet worden seien und darüber hinaus gehende Warnpflichten nicht geboten waren.

Schließlich habe sich der Kläger seine Gesundheitsschädigung durch eigenverantwortliches Handeln selbst zuzuschreiben: Die Gefahren des Zigarettenrauchens seien den Verbrauchern seit Jahren hinlänglich bekannt gewesen.

Wie zu sehen ist, wehren deutsche Gerichte US-amerikanische Tendenzen immer noch weitgehend ab. Wie lange dies noch der Fall ist, wird die Zukunft zeigen. Eine Bewegung hin zu deutlich höheren Schmerzensgeldzahlungen ist jedoch bereits zu erkennen: Man denke nur an die hohen Verurteilungen bei der Verletzung des Persönlichkeitsrechts von Prominenten (z.B. Caroline von Monaco).

---

[175] Passauer Neue Presse vom 15. November 2003.

Kapitel 21: Risikomanagement im Bereich der Produktfehlerhaftung

Weiterführende Literatur:

Biller/Müller, Implikation der Rating gestützten Kreditvergabe für mittelständische Unternehmen, Controlling, Zeitschrift für erfolgsorientierte Unternehmensführung, Heft 10, 2003, S. 533 ff, Vahlen Verlag, München 2003; *Borge*, Wenn sich der Löwe mit dem Lamm zum Schlafen legt. Was Entscheider über Risikomanagement wissen müssen, 1. Auflage, Wiley VCH Verlag GmbH, Weinheim 2002; *Diedrichs/Reichmann*, Risikomanagement und Risikocontrolling in der Praxis, Controlling, Zeitschrift für Erfolgsorientierte Unternehmenssteuerung, Heft 5, 2003, S. 229 ff, Vahlen Verlag, München 2003; *Erben/Romeike*, Allein auf stürmischer See – Risikomanagement für Einsteiger, Wiley VCH Verlag GmbH, Weinheim 2003; *Henschel*, Stand des Risikomanagements in mittelständischen Unternehmen, Unternehmensberater, Heft 3, 2003, S. 20-23, Dr. Curt Haefner Verlag, Heidelberg 2003; *Henschel*, Risikomanagement im Mittelstand – eine empirische Untersuchung, Zeitschrift für Controlling und Management, Heft 5, 2003, S. 331-337, Gabler Verlag, Wiesbaden 2003; *Romeike/Finke*, Erfolgsfaktor Risiko-Management, Chance für Industrie und Handel, Methoden, Beispiele, Checklisten, 1. Auflage, Gabler Verlag, Wiesbaden 2003; *Scheppner*, Projektorientiertes Chancen- und Risiko-Controlling, Controlling, Zeitschrift für erfolgsorientierte Unternehmensführung, Heft 10, 2003, S. 543 ff, Vahlen Verlag, München 2003; *Schwarz/Hemerlein/Kraus*, Prozessorientiertes Risikomanagement als Basis für die Begegnung operativer Risiken, Betriebswirtschaftliche Blätter Heft 1, 2003, S. 33 ff, Deutscher Sparkassen Verlag GmbH, Stuttgart 2003; *Steiner/Starbatty*, Basel II und die Bedeutung von Ratings, zfo, Zeitschrift Führung + Organisation, Heft 1, 2003, S. 20-26, Schäffer-Poeschel-Verlag, Stuttgart 2003; *Vahs*, Fallstudie: Einführung eines Risikomanagement-Systems in der Speedy-GmbH, zfo, Zeitschrift Führung + Organisation, Heft 1, 2003, S. 27-33, Schäffer-Poeschel-Verlag, Stuttgart 2003; *Wolf/Ranzheimer*, Risikomanagement und KonTraG, Konzeption und Implementierung, 4. Auflage, Gabler Verlag, Wiesbaden 2003.

Literatur

Wer den Schaden hat …

1. Was bedeutet Risikomanagement für ein Unternehmen?

Beispiel 1: 1. Juni 1974: Im Chemiewerk der Firma NYPRO in Flixborough (England) bricht ein Brand aus. Noch während des Herausfahrens der Feuerwehrfahrzeuge kommt es zu einer gewaltigen Explosion. Was war passiert? Die Anlage in Flixborough produziert Caprolactam, das für die Herstellung von Nylon gebraucht wird. Zu diesem Zweck erfolgt ein Oxidationsprozess von Hexamethylen (mit Benzin vergleichbar). Bereits im März war am Reaktor 5 festgestellt worden, dass Hexamethylen aus einem Leck (Riss von ca. 2 Metern Länge) entwich. Um die Anlage schnell wieder anzufahren, wurde daraufhin entschieden, Reaktor 4 an Reaktor 6 anzuschließen. Die übrigen Reaktoren wurden nicht näher untersucht. Planung und Umbau erfolgten in einem Schnellverfahren (Anmerkung: Die Konstruktionszeichnung erfolgte als Kreidezeichnung auf dem Werkstattboden). Eine statische Berechnung wurde nicht durchgeführt. Nach einer Reihe weiterer Betriebsunterbrechungen erfolgte am 1. Juni 1974 eine Explosion mit einer Stärke zwischen 15 bis 45 TNT. Dabei wurde die gesamte Anlage zerstört. Es gab 28 Tote.

Beispiel 2: 3. Dezember 1985: Bei Union Carbide of India, Ltd, Bhopal explodiert der Tank mit der verflüssigten Pestizid-Komponente Methylisocyanat (MIC); 40 Tonnen MIC verdampfen. Ein Alarm wird nicht ausgelöst. 2.000 bis 10.000 Menschen sterben. Mehrere Hunderttausend werden verletzt. Es entstehen große Umweltschäden. Ausreichende Notfall- oder Katastrophenpläne existieren nicht.

Das Umfeld des heutigen Unternehmens ist geprägt durch ständig neue rechtliche, technische und wirtschaftliche Entwicklungen. Die zunehmende Globalisierung des Wettbewerbs und der Unternehmenstätigkeit, der Eintritt in das Informationszeitalter, wachsende Komplexität und fortschreitende Dynamisierung erschweren die unternehmerischen Entscheidungsprozesse. Oft ist ein schlechtes Risikomanagement und Blauäugigkeit die Ursache für spektakuläre Unternehmenskrisen und –zusammenbrüche: In Erinnerung geblieben sind z. B. die Insolvenzeröffnung über das

Vermögen der Mediengruppe Leo Kirch[176] oder die Insolvenzfälle von Faichild Dornier, Cargolifter[177] und der Babcock-Borsig AG[178].

Gefahr und Chance

Risiken bedeuten aber nicht nur eine **Gefahr**. Durch den bewussten und kontrollierten Umgang mit Risiken eröffnet sich jedem Unternehmen auch die **Chance**, die eigene Existenz langfristig zu sichern und erhebliche Wettbewerbsvorteile zu realisieren.

Die **Implementierung eines Risikomanagementsystems** im Unternehmen weist den richtigen Weg, um unter der Voraussetzung der Analyse von Ursachen und Auswirkungen, Risiken und Störfälle weitgehend zu vermeiden oder sie, im Falle ihres Eintritts, schnellstmöglich zu beseitigen und den „normalen" Unternehmensablauf rasch und effizient wieder herzustellen.

Praxistipp

> Unter **Risikomanagement** ist die planmäßige Abwehr von Risiken im Sinne einer Risikovermeidung, - minderung oder -begrenzung (sog. „aktives Risikomanagement") sowie die Risikoüberwälzung (sog. „passives Risikomanagement") zu verstehen. Dazu gehört die Erstellung von Notfallplänen für Risiken, die nicht völlig ausgeschlossen werden können.

2. Ziele des Risikomanagements im Bereich der Produktfehlerhaftung

Produkthaftungsrisiken sind im Rahmen eines angemessenen Risikomanagementsystems auf vielfältige Weise entgegenzutreten.

---

[176] AG München, 1502 IN 879/02, Eröffnungsbeschluss v. 09.09.2002,.
[177] Vgl. *Köchling*, „Bedeutung der Eigenverwaltung im Insolvenzverfahren", Betrieb und Wirtschaft 7/2003, S. 283 ff (S. 283).
[178] AG Duisburg, Eröffnungsbeschluss v. 01.09.2002, 62 IN 167/02.

Die wichtigsten **Ziele des Risikomanagements** im Bereich der Produkthaftung sind:

- die Reduktion der Zahl und des Ausmaßes von Produkthaftpflichtfällen,
- die Vermeidung von Situationen mit hohem Verlustrisiko,
- die kontrollierte Begrenzung von Fehlerfolgen (Vermeidung von Ausuferung),
- die realistische Einschätzung von Restrisiken,
- die Einplanung eines effizienten und kostenbewussten Schadenseintrittsszenarios (Notfallpläne).

Ziele des Produkthaftungsrisikomanagements

3. Die Implementierung des Risikomanagementsystems

3.1 Die Risikolandschaft im Unternehmen

Die Risikolandschaft im Unternehmen ist vielfältig und der stetigen Veränderung durch rechtliche, technische, wirtschaftliche und politische Einflüsse unterworfen. Die wichtigsten sog. „Allgemeinen Risikobereiche" seien nachfolgend im Überblick aufgeführt[179]:

Risikolandschaft

---

[179] Vgl. Seidel, Risikomanagement, Erkennen, Bewerten und Steuern von Risiken, 1. Auflage 2003, S. 198 ff.

Allgemeine Risikobereiche

1. **Allgemeine globale Risiken (strategische Risiken)**

    - Unternehmensstrategie
    - Kundenorientierte Platzierung
    - Einbindung in die Unternehmensgruppe
    - Unternehmensplanung und –steuerung
    - Standortwahl
    - Innovationen
    - etc.

2. **Externe Risikobereiche**

    - Globalisierung
    - Technologische Entwicklung
    - Gesetzliche Entwicklung
    - Steuerrechtliche Änderungen
    - Umwelteinflüsse
    - Konjunktur- und Branchenentwicklung
    - Politische Rahmenbedingungen
    - Gesellschaft
    - etc.

3. **Risikobereiche aus Management und Organisation**

    - Geschäftsführung
    - Organisation (Aufbau-, Ablauforganisation, Führungssystem)
    - Kommunikations- und Informationssystem
    - Planung und Controlling
    - Rechnungswesen
    - Personalwesen

4. **Produktrisiken**

    - Produktportfolio/ -differenzierung
    - Produkthaftung
    - etc.

5. **Leistungswirtschaftliche Risikobereiche**

   - Betriebsmittel
   - Beschaffung
   - Logistik (Lager/Fuhrpark)
   - Produktion
   - Absatz und Marketing
   - etc.

6. **Finanzwirtschaftliche Risikobereiche**

   - Finanzorganisation
   - Kapitalbedarf
   - Kapitalstruktur
   - Kapitalkosten
   - Liquidität
   - Kreditgeschäft
   - Derivatgeschäft
   - etc.

7. **Rechtliche Risikobereiche**

   - Allgemeine Rechtsrisiken
   - Arbeitsrechtliche Risiken
   - Risiken im Forderungsmanagement
   - Risiken im Gewerblicher Rechtsschutz
   - Risiken im Rahmen internationales Privatrecht
   - Risiken durch Leistungsstörungen
   - Produkthaftungsrisiken
   - Risiken im Bereich der Unternehmensnachfolge
   - Allgemein: Risiken im Bereich Verträge
   - Steuerrechtliche Risiken
   - Strafrechtliche Haftungsrisiken
   - etc.

8. **IT-Risiken etc.**

3.2 Gesetzliche Grundlagen

Gesetzliche Grundlagen

Die Reaktion des Gesetzgebers auf die vielen Unternehmenspleiten der vergangenen Jahre zeigt sich in einer Reihe von Gesetzen und einer Entwicklung, die unter dem Stichwort **„Basel II"** beschrieben wird.

Basel II

> „Basel II" bezeichnet allgemein eine geplante Änderung in der Bankenaufsicht. Ergebnis dieses Regelwerkes ist die Notwendigkeit der Einzelbewertung (**Rating**) von Kreditnehmern. Gegenwärtig werden alle Kreditnehmer nach dem System von „Basel I" gleich bewertet.

Mit dem Inkrafttreten des **Gesetzes zur Kontrolle und Transparenz im Unternehmensbereich (KonTraG)** besteht seit dem 01. Mai 1998 insbesondere für Aktiengesellschaften die Pflicht, Vorsorge gegen bestandsbedrohende Risiken zu treffen:

KonTraG

> Das KonTraG stellt ein Gesamtwerk an Gesetzesänderungen und –ergänzungen dar, die sich vornehmlich im Aktien- und Handelsrecht niedergeschlagen haben.

Eine der wichtigsten Änderungen ist die Neufassung des § 91 II AktG:

§ 91 II AktG

> „Der Vorstand hat geeignete Maßnahmen zu treffen, insbesondere ein Überwachungssystem einzurichten, damit den Fortbestand gefährdende Entwicklungen früh erkannt werden."

Zu den den Fortbestand der Gesellschaft gefährdenden Entwicklungen gehören dabei insbesondere risikobehaftete Geschäfte, Unrichtigkeiten der Rechnungslegung und Verstöße gegen gesetzliche Vorschriften, die sich auf die Vermögens-, Finanz- und Ertragslage der Gesellschaft oder des Konzerns wesentlich auswirken.[180]

---

[180] *Lück / Henke*, Interne Revision als zentraler Bestandteil der Corporate Governance, BFUP, Betriebswirtschaftliche Forschung und Praxis, Heft 1/2004, Verlag Neue Wirtschafts-Briefe, Herne Berlin 2004, S. 7.

3.3 Gesetzlich verordnetes Risikomanagement? - Für welche Unternehmen besteht die Pflicht zur Implementierung eines Risikomanagementsystems?

Ausdrücklich vorgeschrieben ist die Implementierung eines angemessenen Risikomanagementsystems nur für **Aktiengesellschaften** (vgl. § 91 II AktG).

Geltungsbereich des KonTraG

Der Gesetzgeber erhofft sich jedoch eine Ausstrahlungswirkung auf solche Gesellschaften, die in ihrer Größe und Komplexität sowie ihrer Struktur nach mit der Aktiengesellschaft vergleichbar sind.[181]

Das bedeutet, dass auch für **GmbH** und **GmbH & KG** mit entsprechendem Umsatz und Unternehmensstruktur, die vorgenommenen Gesetzesänderungen verpflichtend sind. Besonders betroffen sind damit nach h. M. wohl zumindest die Unternehmen, auf die das Mitbestimmungsgesetz oder Publizitätsgesetz Anwendung finden sowie mittlere und große Gesellschaften mit beschränkter Haftung.[182]

---

[181] Vgl. Begründung zum Entwurf der Bundesregierung zum KonTraG, BT Drucksache 13/9712 vom 28.01.1998, S. 15.

[182] *Lück / Henke*, Interne Revision als zentraler Bestandteil der Corporate Governance, BFUP, Betriebswirtschaftliche Forschung und Praxis, Heft 1/2004, Verlag Neue Wirtschafts-Briefe, Herne Berlin 2004, S. 7.

3.4 Die Vorteile eines Risikomanagementsystems

Entlastungs-beweis

In einem Streitfall ist ein geeignetes Risikomanagementsystem Bestandteil der **Nachweiserbringung**, dass den **Geschäftsführer kein Verschulden** an einem eingetretenen Schaden trifft, so zum Beispiel in der Insolvenz gegenüber Behörden, Banken und Gläubigern, bei Haftungsschäden gegenüber Geschädigten, bei Gewinneinbrüchen gegenüber den Gesellschaftern, etc. Darüber hinaus hat sich Risikomanagement als ein weiterer Grundsatz ordnungsgemäßer Geschäftsführung etabliert. Wer künftig kein Risikomanagementsystem unterhält, handelt grundsätzlich pflichtwidrig.

Controlling

Ein implementiertes Risikomanagementsystem **minimiert** die **unternehmerischen** und (oft tabuisierten) **persönlichen Risiken** und **optimiert das Controlling**.

Finanzielle Vorteile

Aus betriebswirtschaftlicher Sicht zahlen sich **Investitionen ins Risikomanagement** auf zweierlei Weisen **aus**: Aus der veränderten Geschäftsbeziehung zwischen dem Unternehmen und der Bank können **direkt messbare finanzielle Vorteile** erzielt werden (sog. „direkter Return-On-Investment"). Mit einem verbesserten Rating reduzieren sich die Finanzkosten im Rahmen der Kontokorrentkredite und für langfristige Finanzierungen durch günstigere Zinssätze. Darüber hinaus kann ein gutes Rating auch Auswirkungen auf die Lieferantenkette haben: Eventuell gewährt ein Lieferant aufgrund der nachweislich guten Bonität ein verlängertes Zahlungsziel. Ein effizientes Risikomanagement bewirkt auch **langfristige Verbesserungen** im Unternehmen, die sich nicht sofort finanziell bemessen lassen (sog. „indirekter Return-On Investment"). Es können **Risiken**, die für die wirtschaftliche Lage des Unternehmens von Bedeutung sind, **quantifiziert** und damit **zielgerichtet abgesichert** werden. Damit optimieren sich die Risikokosten und es kann freies Eigenkapital gewinnbringend eingesetzt werden.

Verbesserte Transparenz

Schließlich reduziert die verbesserte Transparenz der Risiken **Unsicherheiten** in den **unternehmerischen Entscheidungen**.

> **Übersicht: Vorteile eines Risikomanagementsystems**
>
> - Entlastungsbeweis gegenüber Dritten im Schadensfall, z. B. bei Insolvenz gegenüber Behörden, Banken und Gläubigern, Haftungsschäden gegenüber Geschädigten, Gewinneinbrüchen gegenüber den Gesellschaftern
>
> - Bessere Fundierung von unternehmerischen Entscheidungen
>
> - Vorbereitung auf ein Rating nach Basel II
>
> - Optimierung des Controllings
>
> - Umsetzung gesetzlicher Forderungen nach KonTraG und HGB
>
> - Minimierung von persönlichen und unternehmerischen Risiken
>
> - Langfristige Unternehmenssicherung durch Ausbalancieren von Chancen und Risiken
>
> - Kundenzufriedenheit durch gezielte und kundenorientierte Reaktionsmöglichkeiten

3.5 Risikomanagement in der Praxis

Ein Standard-Risikomanagementsystem gibt es nicht. Für ein erfolgreiches Risikomanagement sind im Unternehmen eine **klare Aufbau- und Ablauforganisation** zu schaffen. Aus einzelnen Subsystemen und Komponenten, wie z. B. **Früherkennungssystemen, operativen Systemen** oder **Controllingsystemen**, wird ein ganzheitliches Risikomanagementsystem aufgebaut.

Aufbau- und Ablauforganisation

EDV

Das Risikomanagementsystem ist unter den Gesichtspunkten der **Organisation, EDV-Unterstützung** und der **betriebswirtschaftlichen Kosten-Nutzen-Abwägung** zu betrachten.

Es gibt unterschiedlich komplexe Lösungen, die auf das jeweilige Unternehmen individuell abzustimmen und zu optimieren sind.

Unternehmensweites Verantwortungsbewusstsein

Entscheidend ist die **Schaffung eines unternehmensweiten Verantwortungs- und Risikobewusstseins**. Eindeutige **Verantwortlichkeiten** müssen bestimmt werden und es soll festgelegt werden, welche Hierarchieebenen bis hin zur Unternehmensführung bei der **Identifikation, Analyse, Bewertung** und **Steuerung** der **Risiken** einzuhalten sind.

Tipp:

Praxistipp

- Sinnvoll ist die Hinzuziehung eines externen Beraters: Spezialisierte Rechtsanwälte, Unternehmensberater und Wirtschaftsprüfer kennen die Unternehmensrisiken und helfen, schnelle und zielorientierte Lösungen zu finden. Dies entlastet Unternehmensleitung und Mitarbeiter und sichert das Bestehen vor dem Wirtschaftsprüfer.

- Der Implementierungsprozess dauert **circa zwei Jahre**. Risikomanagement ist ein **fortwährender** und **langlebiger Prozess** und keine einmalige Aktion!

- Sinnvoll und finanziell überschaubar kann auch die Umsetzung eines Risikomanagementsystems zunächst in einzelnen Teilbereichen, bzgl. der primär bestandsgefährdenden Risiken, z. B. der Produktfehlerhaftung, IT-Risiken, Personalrisiken, etc. sein.

4. Produkthaftungsrisikomanagement

4.1 Risikoanalyse

Risikoanalyse

Grundlage für eine gezielte Abwehr von Produkthaftungsrisiken ist die **Identifikation der Risiken**, die auf ein Unternehmen einwirken, in Form einer **Risikoanalyse**.

Dieser erste Schritt ist häufig der schwierigste, zugleich aber auch wichtigste des gesamten Prozesses „Risikomanagement", weil so eine zuverlässige Informationsgrundlage für die Risikosteuerung geschaffen wird.

Ziel der Risikoidentifizierung ist eine möglichst vollständige, wirtschaftliche, aktuelle und an den Risikoursachen orientierte, unternehmensweite Erfassung der bestehenden, potentiellen und latenten Risiken. Erforderlich ist eine **systematische, prozessorientierte Vorgehensweise**. Vorgehensweise

Mit Hilfe von Workshops, Checklisten, sog. Risikoerfassungsbögen, Fehlerbaumanalysen, Bilanzen, Schadensstatistiken, etc. können vorhandene Risiken identifiziert werden. Es empfiehlt sich eine Abgrenzung der einzelnen Risikobereiche und eine **Kategorisierung** der Risiken beispielsweise nach Unternehmensfunktionen oder Verantwortungsbereichen anhand des Organigramms, sowie nach Ursachen und Umfeldbereichen (z. B. ökonomische, technologische, rechtliche, politische Risiken), nach der potentiellen Beeinträchtigung etc.[183] Methoden

Die folgende Abbildung zeigt einen Ausschnitt aus einem **Risikoinventar** als Grundlage für risikopolitische Entscheidungen im Unternehmen im **Bereich des Produkthaftungsrisikos**. Risikoinventar

Die einzelnen Risiken des Bereiches werden darin detailliert erhoben und in einer Liste mit Ordnungsnummern dokumentiert. Festgehalten werden die Risikoverantwortlichen, der Name und die genaue Beschreibung von Ursache und Wirkung des Risikos, Maßnahmenvorschläge zur Beseitigung oder Reduzierung des Risikos, sowie ein eventuell verbleibendes Restrisiko und mögliche Notfallpläne. Die Bewertung der Risiken erfolgt regelmäßig nach Eintrittswahrscheinlichkeit und monetärer Einschätzung der Auswirkungen bei Risikoeintritt (der Einfachheit halber nachfolgend zusammengefasst als „Risikoeinschätzung" „hoch", „mittel" oder „gering".).

---

[183] Vgl. *Seidel*, Risikomanagement Erkennen, Bewerten und Steuern von Risiken, 2003.

Risikoerfassungsbogen

Nr.	Risikobereich im Rahmen der Produktfehlerhaftung	Beschreibung des Risikos	Risikoeinschätzung <u>vor</u> Maßnahme (hoch – mittel – gering)
1.	Qualitätsmanagement	Mangelndes Qualitätsmanagement provoziert den Produktfehler an sich.	hoch
2.1	Vertragsgestaltung und Verkaufsbedingungen	Fehlen einer umfassenden Abwehrklausel gegen Fremd-AGB	hoch
2.2	Vertragsgestaltung und Verkaufsbedingungen	Fehlen einer Haftungsbeschränkung bei eigenem Leistungsverzug Hintergrund: Werden mangelhafte Waren angeliefert, kann man auch seine eigenen Verpflichtungen unter Umständen nicht mehr erfüllen und man gerät in Lieferverzug, sofern ein Verschulden vorliegt (etwa bei fehlenden Ersatzteilen)	hoch

Maßnahmenvorschlag	Risikoeinschätzung *nach* Maßnahme (hoch – mittel – gering)	Beschreibung des Restrisikos	Notfallpläne
Qualitätsmanagement im weitesten Sinne einführen: • KVP • Qualitätssicherungsmaßnahmen • etc.	mittel	Selbst bei optimaler Qualitätssicherung gibt es ein nicht ausschließbares Restrisiko, das teilweise signifikant messbar ist.	Qualitätssicherung betreiben • Systeme einrichten • Systeme leben • Systeme überprüfen • Systeme weiterentwickeln • Neuerungen beobachten
Im Kollisionsfall kann es u.U. dazu kommen, dass unwidersprochenen (weil nicht thematisierten) Klauseln des Vertragspartners dennoch Geltung zukommt	gering	---	---
Aufnahme einer Klausel: • Haftungsbeschränkung • Beschränkung auf typischen Vertragsschaden	mittel	Restrisiken bleiben: • BGH sieht in Verzug immer Kardinalpflichtverletzung • Nur Begrenzung auf typischen Schaden zulässig – Problem: Der ist schwer zu beziffern!	Rechtsabteilung / Rechtsanwalt zu Rate ziehen.

Risikoerfassungsbogen

Nr.	Risikobereich im Rahmen der Produktfehlerhaftung	Beschreibung des Risikos	Risikoeinschätzung _vor_ Maßnahme (hoch – mittel – gering)
2.3	Vertragsgestaltung und Verkaufsbedingungen	Fehlender Hinweis auf Rügepflichten des Käufers nach § 377 HGB (kann Verzicht nahe legen!)	mittel
2.4	Vertragsgestaltung und Verkaufsbedingungen	Kein „Ausreizen" zulässiger Möglichkeiten: • Wahlrecht der Nacherfüllung nicht auf sich übertragen • Rechte nicht vom Vorliegen nicht unerheblicher Mängel abhängig gemacht	mittel
2.5	Vertragsgestaltung und Verkaufsbedingungen	Veraltete Begrifflichkeiten (mögliche Folge: Verstoß gegen Transparenzgebot!)	hoch
2.6	Vertragsgestaltung und Verkaufsbedingungen	Veraltete oder falsche Haftungsklauseln	hoch
2.7	Vertragsgestaltung und Verkaufsbedingungen	Veraltete oder unwirksame Verjährungsverkürzung	hoch

Maßnahmenvorschlag	Risikoeinschätzung _nach_ Maßnahme (hoch – mittel – gering)	Beschreibung des Restrisikos	Notfallpläne
Hinweis aufnehmen	gering/ mittel	Nur Kaufleute haben die Rügepflicht, andere nicht – dort bleibt Restrisiko	---
Aufnahme entsprechender „kleiner Hürden"	mittel	Als Restrisiko bleibt, dass der BGH bislang noch keine Entscheidung über die Zulässigkeit eines derartigen Vorgehens getroffen hat.	Rechtsabteilung / Rechtsanwalt zu Rate ziehen.
Begrifflichkeiten an neues Schuldrecht anpassen	---	---	---
Aktualisierung der Haftungsklausel: • Ausnahmen vom Haftungsausschluss aufnehmen • Beweislastumkehr vermeiden • Aufwendungsersatzansprüche nicht vergessen	---	---	---
Wirksame Verjährungsverkürzung	mittel	Im Falle des Rückgriff des Unternehmers nach §§ 478 f. BGB nutzen Verjährungsverkürzungen nichts.	Rechtsabteilung / Rechtsanwalt zu Rate ziehen.

Risikoerfassungsbogen

Nr.	Risikobereich im Rahmen der Produktfehlerhaftung	Beschreibung des Risikos	Risikoeinschätzung *vor* Maßnahme (hoch – mittel – gering)
2.8	Vertragsgestaltung und Verkaufsbedingungen	Fehlen von Schutzklauseln gegen Zusicherungen und Garantien	hoch
2.9	Vertragsgestaltung und Verkaufsbedingungen	Kein Haftungsausschluss auch für gesetzliche Vertreter und Erfüllungsgehilfen	hoch
2.10	Vertragsgestaltung und Verkaufsbedingungen	Fehlende oder unwirksame Gerichtsstandsklausel (Prorogation)	mittel
2.11	Vertragsgestaltung und Verkaufsbedingungen	Fehlende Rechtswahlklausel	hoch
3.1	Vertragsgestaltung und Einkaufsbedingungen	Fehlende oder unzureichende Abwehrklausel	hoch
3.2	Vertragsgestaltung und Einkaufsbedingungen	Fehlende Vermeidung „kleiner Hürden" = Hinnahme des Entzugs des Wahlrechts bei der Nacherfüllung und der Rechtlosigkeit bei unerheblichen Mängeln	mittel

Maßnahmenvorschlag	Risikoeinschätzung _nach_ Maßnahme (hoch – mittel – gering)	Beschreibung des Restrisikos	Notfallpläne
Einfügen entsprechender Klauseln	gering / mittel	Individuell können dennoch – auch mündlich oder stillschweigend – Garantien und Zusicherungen abgegeben werden.	Rechtsabteilung / Rechtsanwalt zu Rate ziehen.
Entsprechenden Ausschluss als „Vereinbarung zu Gunsten Dritter" aufnehmen	gering	---	---
Klausel aufnehmen und zwischen In- und Auslandsgeschäften differenzieren (vgl. §§ 38, 40 ZPO)	gering	Da die ZPO nur in einem schmalen Bereich Prorogation erlaubt, greifen Gerichtsstandsklauseln im Restbereich nicht ein. Außerdem greifen Prorogationsklauseln nur gegenüber Vertragspartnern, nie gegenüber geschädigten Dritten!	---
Einfügen einer Klausel	mittel	Gegenüber dritten Geschädigten (= Nicht-Vertragspartnern) greifen Rechtswahlklauseln nicht!	
Vgl. Verkaufsbedingungen	gering		
Bezug auf alle gesetzl. Rechte, insbes. auf d. Wahlrecht bei Nacherfüllung u. auf alle Rechte, auch bei unerhebl. Mängeln (Ausn.: Rücktritt)	gering		

Risikoerfassungsbogen

Nr.	Risikobereich im Rahmen der Produktfehlerhaftung	Beschreibung des Risikos	Risikoeinschätzung <u>vor</u> Maßnahme (hoch – mittel – gering)
3..3	Vertragsgestaltung und Einkaufsbedingungen	Kein Eingehen auf typische Versuche in Verkaufs-AGB, die die Situation des Verkäufers verbessern sollen.	mittel
3.4	Vertragsgestaltung und Einkaufsbedingungen	Keine ausreichenden Schutzrechtsklauseln	hoch
3.5	Vertragsgestaltung und Einkaufsbedingungen	Keine Freistellungsvereinbarungen bei Produkthaftungsfällen	hoch
etc.	(...)	(...)	(...)

Maßnahmenvorschlag	Risikoeinschätzung *nach* Maßnahme (hoch – mittel – gering)	Beschreibung des Restrisikos	Notfallpläne
In Einkaufs-AGB muss genau diesen Versuchen entgegengewirkt werden; Beispiele: • Erhaltung aller gesetzlichen Rechte bei Sach- und Rechtsmängeln • Erweiterung dieser Rechte • Verhinderung einer zu starken Belastung mit Sicherungsmitteln des Verkäufers	gering	---	---
Schutzrechtsklauseln: • Eigentums-, Urheber- und Nutzungsrechte möglichst weitgehend übertragen lassen • Schutz eigenen geistigen Eigentums (Konstruktionszeichnungen etc.) • Freistellungsvereinbarungen bei Inanspruchnahme durch Dritte wegen Rechtsmängeln, die auf den Lieferanten zurückzuführen sind.	gering	---	---
Sind Produkthaftungsfälle auf den Lieferanten zurückzuführen, sollte man ihm in AGB eine Freistellungsverpflichtung auferlegen	gering	---	---
(...)	(...)	(...)	(...)

4.2 Produkthaftungsrisiken richtig managen

Haftungsbe-schränkun-gen und -ausschlüsse

Organisato-rische Maß-nahmen

Eine Minimierung von Produkthaftungsrisiken ist u.a. zum einen möglich durch vertragliche Regelungen, also durch **Haftungsbe-schränkungen und –ausschlüsse**, zum anderen durch entsprechende **organisatorische Maßnahmen** innerhalb des Betriebsablaufes in Form von abgestimmten Notfallplänen, praktischen Übungen, Mitarbeiterschulungen etc. Entscheidende Voraussetzung ist ein Bewusstseinswandel im Unternehmen.

Praxistipp

> Haftungsfragen betreffen nicht nur Juristen, sondern primär Beteiligte an Produktplanung, an Herstellungs- und Vertriebsprozess. Kooperation der Ingenieure, Kundendienst, Mitarbeiter, Werbefachleute etc.
>
> Optimale Produktqualität und –sicherheit sind die Maßnahmen Nr. 1 des Risikomanagements. Risikomanagement ist damit eine notwendige Ergänzung des Qualitätsmanagements, Total Quality Management und Zertifizierung sind wichtige Gesichtspunkte.
>
> **Ziel ist es, höchste Qualität zu erreichen und zu bewahren:**
>
> > „Selbst eine Sicherheitsstufe von 99,9 Prozent Fehlersicherheit führt zu unakzeptablen Risiken (...). So zeigten Erhebungen aus Deutschland und den USA, dass selbst bei dieser hohen Sicherheitsstufe stillschweigend akzeptiert würde, wenn pro Tag zwölf Babys den falschen Eltern übergeben, 291 Herzschrittmacher falsch eingesetzt, jedes Jahr 20.000 falsche Rezepte ausgestellt, zwei unsichere Fluglandungen jeden Tag auf dem Frankfurter Flughafen zu überstehen wären (...)."
> >
> > (Internationales Hospital Benchmarking Forum in Berlin / Risikomanagement, „99,9 Prozent Sicherheit reicht nicht aus!", Klinik Markt, KMA 2002.)

4.2.1 Preloss-Risk-Management: Organisatorische Maßnahmen im Unternehmen zur Vermeidung und Verringerung von Haftungsrisiken

„Preloss-Risk-Management" bedeutet **Risikovorsorge**. Taugliche Schlagworte in diesem Zusammenhang sind Identifikation, Analyse, Bewertung und Reduktion von Produkthaftpflichtrisiken.[184]

Risikovorsorge

4.2.1.1 Realisierung der Verantwortung im Rahmen der Produkthaftung

Produkthaftung ist zum Teil verschuldensunabhängig. Primär ist darauf Wert zu legen, die **Ursachen für Fehler im Betrieb** zu **beseitigen.**

Verantwortung

Es muss deutlich werden, dass bei auftretenden Mängeln nicht nur auf den eigenen Bereich zu achten ist, sondern auch die damit vernetzten Abteilungen im Auge zu behalten sind. Mit anderen Worten: Läuft in einer Abteilung etwas schief, so leiden meist andere Abteilungen und das Unternehmen als Ganzes mit. Daher sind kurzfristig auftretende Schwächen kollegial - keineswegs anklagend - anzusprechen und gemeinsam zu lösen.

Auftretende Schwächen

Unabhängig von der Abteilung stellen sich stets dieselben **Grundfragen**:

- Welche Risiken sind zu vermeiden?
- Welche Risiken sind zu vermindern?
- Welche Risiken können auf wen abgewälzt werden?
- Welche Risiken sind selbst zu tragen und wie ist diesbezüglich Vorsorge zu treffen (z.B. durch Versicherungen oder Rückstellungen)?

---

[184] Vgl. oben Ziffern 3.3 und 4.2.1.

4.2.1.2 Sensibilisierung, Schulung und Motivation der Mitarbeiter

Um das Verantwortungsbewusstsein zu schärfen, sind Mitarbeiterschulungen unbedingt erforderlich. Folgende Punkte gehören dabei zum Pflichtbestandteil:

Praxistipp

**Abteilungen:
Entwicklung
QM**

- Aufzeigen der **konkreten Risiken** für das Unternehmen

- Aufzeigen der **eigenen, persönlichen Risiken** der Mitarbeiter (Abteilungsleiter in herausgehobener Stellung, aber auch völlig untergeordnete Mitarbeiter haften u.U. persönlich mit Privatvermögen und Freiheit)

- Einführung eines **Fehlerquellenprogramms** (Prämierung der Aufdeckung von Fehlerquellen bzw. Risikovermeidungstechniken)

- Aufzeigen der **Möglichkeiten** eines jeden einzelnen, **Haftungsfälle zu vermeiden**.

4.2.1.3 Vermeidung von Konstruktionsfehlern

Im Vordergrund steht die mangelfreie und sichere Produktentwicklung. Dabei spielt eine Vielzahl von Faktoren[185] eine Rolle:

- Angemessene, sorgfältig und vollständig durchzuführende Produkttests:

  - Ausreichend Zeit für die Testphase vor der Markteinführung des Produkts einplanen, unter

  - Bedingungen, die einer realistischen Verbrauchersituation entsprechen (Möglichkeit naheliegender Fehlanwendung des Produkts durch die Verbraucher einkalkulieren)

  - Keine überstürzte Konstruktionsüberarbeitung von sicherheitsrelevanten Teilen bei Konstruktionsänderungen.

- Berücksichtigung, dass Änderungen kleiner Details des Produkts oft Auswirkungen auf das Verhalten des Gesamtproduktes haben können.

- Feste Verbindung von Sicherheitseinrichtungen und – hinweisen mit dem Produkt zur Vermeidung der leichtfertigen Entfernung bzw. des Verlustes.

- Elektrische Sicherheitsvorkehrungen dürfen nicht einfach überbrückbar sein.

- Verträglichkeitstests des Produkts mit Materialen und anderen Produkten, mit denen es in Berührung kommt.

- Auswertung von Informationen der Händler und Benutzer bei Verbesserung des Sicherheitsstandards der Produkte sowie Anbieten von Nachrüstungen bei einschneidenden Verbesserungen.

- Beachtung des aktuellen Stands von Wissenschaft und Technik.

- Keine Minderung der Sicherheit aus Kostengründen.

Praxistipp

Abteilungen:
Entwicklung
QM
Finanzen
Recht

---

[185] Vgl. *Ulmer*, Deutschland: Risikominderung in der Produkthaftung, PHI 5/92, S. 188 ff (190).

4.2.1.4 Vermeidung von Produktionsfehlern

Bei Produktionsfehlern ist die konkrete Herstellung des Produkts angesprochen. Folglich ergeben sich die Ansatzpunkte[186] hauptsächlich im Bereich der Fabrikation:

Praxistipp

Abteilungen:
Produktion
Qualitätssicherung

- Durchführung von Qualitätssicherungsmaßnahmen (entweder eigenständiger Unternehmensbereich „Qualitätssicherung" oder Dezentralisierung).

- Durchführung ausreichender Eignungs- und Belastungstests, ggf. auch durch externe Institutionen wie TÜV oder Testlabore.

- Klare, verbindliche Grundsätze auch für Zulieferer hinsichtlich der Qualitätssicherungsmaßnahmen.

- Notfallprogramm für Dringlichkeitsfälle.

- Vermeidung eigenmächtigen Materialwechsels seitens des Einkaufs oder der Fertigung ohne Freigabe nach technischer Überprüfung.

- Keine Entlohnung der Herstellung sicherheitsrelevanter Teile nach Akkordsätzen.

- Wahl einer Verpackung, durch die die Ware vor sicherheitsgefährdenden Schäden geschützt ist.

---

[186] Vgl. vertiefend hierzu: *Ulmer*, Deutschland: Risikominderung in der Produkthaftung, PHI 5/92, S. 188 ff (191).

4.2.1.5 Vermeidung von Instruktionsfehlern

Die Hälfte aller gerichtlichen Produkthaftungsfälle wird mit einer Verletzung der Warn- und Hinweispflichten begründet. Das macht deutlich, dass in diesem Bereich einer der Schwerpunkte des „Preloss-Risikomanagements" liegt.

Vermeidung von Instruktionsfehlern

Mögliche **Formen** von Instruktionsfehlern sind:

- Irreführende Aussagen in der Werbung für das Produkt
- Mangelhafte Gebrauchsanleitungen
- Mangelhafte Montageanleitungen
- Mangelhafte Warnhinweise

Beispiel

Produkte bergen trotz sorgfältiger Konstruktion und Produktion noch eine gewisse Restgefährlichkeit. Über dieses **Restrisiko** muss umfassend aufgeklärt werden, insbesondere darf nicht darüber hinweg getäuscht werden.

Restrisiko

4.2.1.5.1 Werbung

Werbeaussagen tragen die Gefahr in sich, dass ein Gericht darin eine Garantieerklärung des Produzenten sehen könnte. Werbung muss daher zutreffend und wahrheitsgemäß sein. Vorsicht ist geboten bei Übertreibungen im Rahmen sicherheitsrelevanter Aussagen.

Werbeaussagen

> An dieser Stelle sei nochmals auf die §§ 434, 443 BGB hingewiesen. Nach § 434 I 3 BGB begründen seit dem 01.01.2002 auch Werbeaussagen die Beschaffenheit der Kaufsache, was bei Fehlen zu einem Sachmangel führt. Nach § 443 I BGB können in Werbeaussagen gefährliche Garantien stecken.[187]

Hinweis

---

[187] Vgl. hierzu *Scherer, Friedrich, Schmieder, Koller*, Wer den Schaden hat..., Band 1, rtw medien Verlag, Deggendorf 2003, S. 32 ff.

Werbeaussagen, die die Sicherheit des Produkts betreffen,

Praxistipp:

Abteilung:
Marketing
Vertrieb
Kundendienst
Recht

- müssen technisch korrekt sein,

- dürfen Sicherheitsaspekte nicht relativieren,

- sollen keine absoluten Versprechungen oder Übertreibungen enthalten

- müssen das Produkt vom Sicherheitsstandpunkt her zutreffend beurteilen und dürfen Gefahren nicht bagatellisieren,

- dürfen andere, ältere noch auf dem Markt befindliche eigene Produkte des Unternehmens nicht auch nur mittelbar kritisieren, etwa durch Hinweis auf fortschrittliche Verbesserungen,

- dürfen das Produkt nicht in einer riskanten, leichtsinnigen oder sogar missbräuchlichen Verwendungsart darstellen (z.B.: Autowerbespot: Opel Omega auf Schienen fahrend),

- sollen nicht die Identität und Quantität von potentiellen Zeugen und bestimmten Tests offen legen.

Grundsätzlich gilt bei Aussagen in der **Werbung**:

Praxistipp

Abteilungen:
Marketing
Vertrieb
Kundendienst
Recht

- Vermeidung von Missverständnissen hinsichtlich der Verwendung des Produkts durch die Produktbezeichnung und –gestaltung.

- Vermeidung irreführender Darstellung der Verwendung.

- Erkennbarkeit der erforderlichen Sicherheitsvorkehrungen durch den Kunden bereits anhand der Werbung.

- Ggf. juristische Überprüfung der Werbeaussagen.

- Vermeidung der Weitergabe falscher Informationen an den Kunden durch das Vertriebspersonal.

4.2.1.5.2 Gebrauchsanweisungen

Hier ist auf folgende Punkte besonderes Augenmerk zu legen:

- Sorgfältige Formulierung bei Betriebsanleitungen und Gebrauchsanweisungen.

- Warnhinweise in der Gebrauchanweisung
  - besonders hervorheben,
  - im ersten Abschnitt der Gebrauchsanweisung platzieren,
  - spezielle Warnhinweise in der Reihenfolge anordnen, wie sich die Gefahren entwickeln.

- Verwendung einer einheitlichen, klaren und allgemein verständlichen Sprache.

- Einbeziehung der Landessprache des Benutzer, Verbindung mit allgemein verständlichen Symbolen.

- Anpassung an den Benutzerkreis.

- Hinweis des Benutzers auf dem Deckblatt, dass er zunächst die Anweisung genau studieren soll, bevor er mit dem Zusammenbau, der Inbetriebnahme, der Wartung oder Reparatur beginnt.

- Voranstellen einer Inhaltsangabe.

- Bei Verwendung von Piktogrammen eine einwandfreie Identifikation der Einzelteile ggf. durch farbige Hervorhebung sicherstellen.

Praxistipp:

Abteilungen:

Vertrieb Kundendienst

Tipp:

In einer Gebrauchsanleitung sind Warnhinweise sinnvollerweise in folgende **Reihenfolge** zu bringen[188]:

Praxistipp

Gebrauchsanleitung

1. Benennung der Gefahr (z.B. Achtung Schneidefläche!).
2. Die Konsequenzen bei Missachtung aufzeigen (Gefahr der Handverletzung!).
3. Maßnahmen zur Vermeidung des Schadens angeben (nicht bei laufender Maschine hineingreifen!).
4. Betonung der Bedeutung regelmäßiger Wartung und Schilderung der Folgen bei Unterlassung.

Aktualität

Zu achten ist insbesondere bei kleineren Produktänderungen auf die **Aktualität** der Gebrauchsanweisungen.

Übersetzung

Übersetzungen der Gebrauchsanleitungen sind in Hinblick auf die exakte Wiedergabe der technischen Begriffe in der jeweiligen Fremdsprache vorzunehmen und auf Vollständigkeit zu prüfen.

Beispiel

Beispiel aus der Rechtsprechung des OLG Stuttgart:[189]

Der Importeur eines südkoreanischen elektrischen Messgerätes wurde von seinem Abnehmer auf Schadensersatz verklagt, nachdem bei einer Spannungsmessung mit dem Gerät an einem Transformator durch sehr hohen Kurzschlussstrom der Überspannungsleiter zerstört worden war. Die Stichflamme führte zu erheblichen Verbrennungen des Klägers.

Das Gerät hätte ohne zusätzliche Absicherung nicht an Transformatoren mit derart hohem Kurzschlussstrom eingesetzt werden dürfen. Dies wurde in der Gebrauchsanleitung für das Messgerät allerdings nicht erwähnt. Diese Gebrauchsanleitung wurde vom Importeur einfach vom Englischen ins Deutsche übersetzt.

Urteil des OLG: Der beklagte Importeur wurde zu Schadensersatz verurteilt.

---

[188] Vgl. *Ulmer*, Deutschland: Risikominderung in der Produkthaftung, PHI 5/92, S. 188 ff (191 ff).
[189] NJW-RR 1992, 670 ff.

Gründe: Entgegen Vorschriften des **Gerätesicherheitsgesetzes**[190] wurde in der Gebrauchsanweisung nicht auf die Notwendigkeit einer zusätzlichen Absicherung hingewiesen. Diese Instruktionspflicht trifft neben den Hersteller **auch den Importeur** gefahrenträchtiger Waren, wenn er den Text der Gebrauchsanleitung selbst verfasst.

> Es ist nicht nur wichtig, die Anleitungen korrekt aus der Fremdsprache zu übersetzen, sondern sich auch Gedanken darüber zu machen, ob sie inhaltlich ohne weiteres auf dem deutschen Markt verwendet werden kann oder ob gegebenenfalls noch Zusätze erforderlich sind, die sich aus der konkreten Art der Verwendung oder aus gesetzlichen Vorschriften (wie zum Beispiel das GerätesicherheitsG) ergeben.

Praxistipp

Abteilungen:

Recht
Vertrieb
Kundendienst

Entscheidend ist die richtige Warnung am richtigen Platz:

> - Warnhinweise bei großen Risiken am Produkt selbst, z.B. bei drohenden Personenschäden.
>
> - Warnung am Produkt muss Aufmerksamkeit auf sich ziehen, nahe an der Gefahrenstelle sein, einfach verständlich und klar ausgedrückt sein.
>
> - Eventuell in mehreren Sprachen warnen; Symbole verwenden (ein Bild sagt mehr als tausend Worte).
>
> - Warnhinweis muss gleiche Lebensdauer wie Produkt haben, also nicht leicht zu entfernen sein, nicht durch Verschmutzung aus Ausbleichung durch Sonneneinwirkung unleserlich werden können (Aufkleber genügen nicht immer).
>
> - Warnhinweise auf der Verpackung des Produkts alleine sind oft nicht ausreichend, Verpackung wird evtl. zerstört, entsorgt etc.
>
> **Achtung:**
>
> Wenn konstruktiv Gefahren vermieden werden können, ist dies stets vorrangig zur Warnung!

Praxistipp

Abteilungen:

Recht
Vertrieb
Kundendienst

---

[190] **Achtung:** Zum 01.05.2004 löste das Geräte- und Produktsicherheitsgesetz (GPSG) das GerätesicherheitsG ab!

Wer den Schaden hat …

Beispiel 1:

Internationale Verständlichkeit ohne Worte, die Verwendung von Symbolen: Das Produkt ist nicht für Kinder unter drei Jahren geeignet:

Beispiel

Beispiel 1:

Plastiktüten bringen für kleine Kinder Erstickungsgefahr, wenn sie sich beim Spielen die Plastiktüte über den Kopf ziehen.

Konstruktive Möglichkeit, falls keine Wasser- oder Luftdichtigkeit der Plastiktüte erforderlich ist, ist die Perforierung (Löcher) der Tüte. Ansonsten sind u. U. zusätzlich Warnhinweise erforderlich, z. B.:

Beispiel

„**WARNUNG: Plastikbeutel können gefährlich sein. Diesen Beutel von Babys und Kindern fernhalten. Erstickungsgefahr!**"

Unverzichtbares Praxiswissen zur Vermeidung der Produktfehlerhaftung

4.2.1.6 Produktbeobachtung

Zunehmend wichtig, aber auch zeit- und kostenaufwendig ist die Produktbeobachtung. Dennoch kann hier schon mit zum Teil einfachen **Mitteln** ein erheblicher Nutzen erzielt werden:

Praxistipp

Abteilungen:

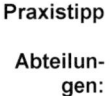

Qualitätssicherung
Produktion
Entwicklung
Einkauf
Vertrieb
Kundendienst

- Auswertung von Indizien für Defekte des Produkts.
- Sammlung und Auswertung von Reklamationen und Auswertung der Ergebnisse an die verantwortlichen Abteilungen im Unternehmen (Kommunikation!).
- Falls ein Produkt mit anderen Produkten häufig in Berührung kommt: An Gefahren bei der Verbindung beider Produkte denken (vgl. hierzu den sogenannten „Honda-Fall"[191].
- Produkttests vor, während und nach Auslauf der Serie, solange sich das Produkt noch auf dem Markt befindet.
- Außergewöhnlich hoher Ersatzteilbedarf kann auf mangelnde Qualität hinweisen.

Notwendige Sicherheitsmaßnahmen und eine an sich notwendige Rückrufaktion dürfen nicht wegen Kosten- oder Nutzenüberlegungen versagt werden.

Beispiel

Beispiel „Pinto"-Affäre[192]:

Trotz bekannter Produktionsfehler lieferte ein US-Automobilhersteller in den 70er Jahren knapp 20 Millionen Pinto-Kleinwagen aus, ohne die Mängel zu beheben. Der fällige Rückruf des Pkw wurde unterlassen, weil der Konzern ausgerechnet hatte, dass der Rückruf (11 Dollar pro Wagen) dreimal so viel kosten würde wie Schadensersatz und Prozesskosten für maximal zu erwartende 50 Tote und entsprechende Anzahl an Verletzten.

US-Gerichte verurteilten den Hersteller des „Pinto" zur Zahlung desjenigen Betrags zusätzlich, den der Hersteller auf diese Weise sparen wollte (punitive damage).

---

[191] Vgl. hierzu *Scherer, Friedrich, Schmieder, Koller*, Wer den Schaden hat...Band 1, rtw medien Verlag, Deggendorf 2003, S. 108, 118.
[192] Vgl. *Dowie*, Pinto Madnes, Ethical Problems in Engineering, Band 2, Cases, Troy/ New York 1980, S. 167-174.

4.2.1.7 Dokumentation

Das Erstellen von Dokumenten ist ein zweischneidiges Schwert. Entscheidend ist, ob es sich um im Produkthaftungsfall für das Unternehmen „positive" oder „negative" Dokumente handelt. Normalerweise sind Dokumente im Rechtsstreit als überwiegend nützlich anzusehen (Abwägung!). Festzuhalten sind im Rahmen von Qualitätssicherungsmaßnahmen alle Prüfvorgänge und die Namen der Personen, die die Prüfung vorgenommen haben, um sie im Ernstfall als Zeugen benennen zu können. Wichtige Nachweiselemente sind Prüfungen, die die Übereinstimmung mit Zeichnungen und Spezifikationen gewährleisten, die Überwachung aller Mess- und Prüfeinrichtungen, sowie die allgemeine Verfahrensüberwachung.

positive und negative Dokumente

Tipp[193]:

- „Schädliche" Dokumente nicht leichtfertig erzeugen.

- Interne Unterlagen (z.B. Testberichte, Änderungsanträge und Protokolle) bei Verteilung von Papieren nur an einen bestimmten und kleinen Kreis von Empfängern; keine Standardverteiler.

- Keine Versendung von Versuchsberichten an Außenstehende.

- Der Stempel „Vertraulich" dient eher der Verbreitung der Information.

- Bei der Formulierung von Dokumenten beachten: Vermeidung von negativen Übertreibungen. Unnötige negative Nebenerkenntnisse unerwähnt lassen. Persönlicher Frust sollte nicht zum Ausdruck gebracht werden. Vermeidung von Werturteilen und unnötig wertender Kritik am Produkt, z.B. wie Wertungen „fehlerhaft" soweit nicht erforderlich. Ebenso: „gefährlich, verbesserungsbedürftig, kritisch, unvertretbar, Versagen, Defekt".

- Keine Kostenüberlegungen bei Testberichten über sicherheitsrelevante Vorgänge.

Praxistipp

Abteilungen:

Qualitätssicherung
Produktion
Entwicklung
Vertrieb
Kundendienst

---

[193] Vgl. Ulmer, Deutschland: Risikominderung in der Produkthaftung, PHI 5/92, S. 188 ff (191 ff).

Wer den Schaden hat ...

Praxistipp

- Begründung von Tests nicht mit „Produkthaftpflicht, Rechtsfall XY, Schadensfall XY, Schadensmeldung, Rückholaktion, Kosteneinsparung, Qualitätsreduzierung, Behördenanfragen" etc., da diese Bezeichnungen zu Missdeutungen führen können.

- Bei fortlaufender Nummerierung von Dokumenten besteht das Risiko, dass die Staatsanwaltschaft die ganze Serie sehen will.

- Ebenso gefährlich: Querverweise in Dokumenten, ebenso Querverweise auf Versuchsberichte, Laborberichte, Feldanalysen, Verbesserungsvorschläge, Änderungsanträge, Abweichungserlaubnisse, Kostenberechnungen und Kosten/Nutzenanalyse.

- Statistiken von Kundenbeschwerden vermeiden.

Wichtig ist die **Aufbewahrung** insbesondere (nicht abschließend) von:

Praxistipp

- Anforderungen an die Konstruktion.

- Konstruktionsplänen einschließlich Konstruktionsänderungen mit Datumsangabe und Begründung.

- Protokollen über Qualitätsprüfungen.

- Protokollen über Eignung- und Belastungstests, Feldversuche.

- Vertragsunterlagen zu Fremdprodukten, die in dem Unternehmensprodukt verwendet wurden.

- Gebrauchsanleitungen mit späteren Änderungen einschließlich Terminangabe.

- Prospekten und Werbematerialien.

Praxistipp

Diese Angaben dienen im Prozess der Entlastung. Bei längerlebigen Produkten sind die Unterlagen möglichst über die gesamte Lebensdauer des Produkts aufzubewahren. Bei Personenschäden besteht eine 30-jährige Verjährungsfrist.

Also: Aufbewahrung und Zugriffsmöglichkeit am besten 30 Jahre!

4.2.1.8 Regelung der Risikoverteilung zwischen Endproduktehersteller und Zulieferer

Übersicht: Ansprüche in der Lieferkette

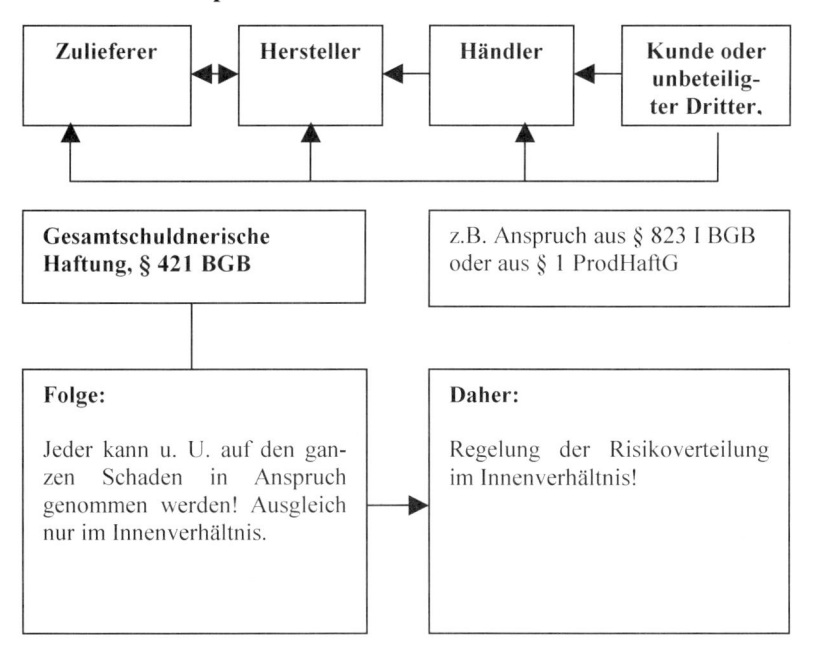

Zulieferer	↔	Hersteller	←	Händler	←	Kunde oder unbeteiligter Dritter.

Gesamtschuldnerische Haftung, § 421 BGB	z.B. Anspruch aus § 823 I BGB oder aus § 1 ProdHaftG

Folge: Jeder kann u. U. auf den ganzen Schaden in Anspruch genommen werden! Ausgleich nur im Innenverhältnis.	Daher: Regelung der Risikoverteilung im Innenverhältnis!

Nach Produkthaftungsgesetz haften dem geschädigten Benutzer des Produkts der Hersteller des Endprodukts, aber auch der Hersteller eines Grundstoffes und der Hersteller eines Teilproduktes. Insoweit besteht eine gesamtschuldnerische Haftung (§§ 421 ff BGB): Jeder kann auf das Ganze in Anspruch genommen werden.

Nach Produkthaftungsgesetz ist die Haftung gegenüber dem Geschädigten nicht auszuschließen oder zu beschränken, § 14 ProdHaftG. **Allgemeine Geschäftsbedingungen mit Haftungsausschlüssen nutzen** also **nur im Rahmen der vertraglichen Sachmängelhaftung** oder der **deliktischen Produkthaftung** (sofern auch eine vertragliche Beziehung zwischen Geschädigtem und Schädiger besteht).

AGB mit Haftungsausschlüssen

Haftungs-vereinbarungen

Gleichwohl sind **Haftungsvereinbarungen zwischen Hersteller des Endprodukts und Zulieferer** möglich und sinnvoll. Ziel ist eine von der gesetzlichen Regelung abweichende interne Risikoverteilung.

Hinweis

> **Hinweis:** Wichtig ist bei internen Haftungsregelungen die Unterrichtung und Zustimmung des Versicherers. Denn grundsätzlich wären bei zwei Beteiligten jeweils 50 % zu tragen, bei Änderung der Risikoverteilung aber von einem mehr als 50 %; daher muss der Versicherer bei vertraglicher Risikoerhöhung zustimmen.

4.2.1.9 Wirtschaftliche Absicherung von Risiken im Schadensfall

Versicherungen Rückstellungen

Im Bereich der wirtschaftlichen Absicherung von Risiken im Schadensfall gibt es **zwei Hauptmöglichkeiten**, tätig zu werden: **Versicherungen** und **Rückstellungen** für etwaige Schadensfälle. **Bei Rückstellungen** ist der neue **Herstellerregress** nach §§ 478, 479 BGB zu beachten: Danach besteht (bei Beteiligung eines Verbrauchers an der Lieferkette) de facto eine Sachmängelhaftung des Unternehmers von bis zu fünf Jahren ab der Ablieferung des Produkts an seinen Vertragspartner. Ebenso- unabhängig von einem Verbrauchsgüterkauf- bei Auslieferung mangelhafter

Baumaterialien

"Baumaterialien". Diese neue und längere Zeitspanne ist demzufolge auch bei Rückstellungen zu berücksichtigen. Bei Personenschäden besteht die Möglichkeit, bis zu 30 Jahre in Anspruch genommen zu werden (§ 195 BGB a. F.). Rückstellungen sind sinnvoll bei nicht versicherbaren Schäden, Schäden, die aufgrund ihrer Unwahrscheinlichkeit nicht versichert werden und bei Schäden, die das Unternehmen selbst tragen kann.

4.2.1.10 Sorgfältige Personalauswahl

Auch das Produkthaftungsrisiko steigt an, wenn Organisation oder Motivation des Personals kranken. Ein sich gut fühlender

Angestellter ist besser motiviert und erbringt **höhere Leistung**, so die Quintessenz der Studie „Soft Success Factors" des Fraunhoferinstituts für Arbeitswirtschaft und Organisation an der Universität Stuttgart.[194] Daher ist auf entsprechende Anzeichen frühzeitig zu reagieren.

Personal muss kritisch, vertrauenswürdig und fachlich kompetent sein sowie ein hohes Maß an Verantwortung und Problembewusstsein aufweisen. Allen Mitarbeitern muss bewusst sein, dass unter Umständen auch sie nach der Rechtsprechung zivilrechtlich haften und strafrechtlich **verantwortlich** sein können. Posten an neuralgischen Punkten des Unternehmens sind **langfristig** am besten besetzt, da sich Fluktuation in diesem Bereich negativ auswirkt.

Tipps zur Erkennung von Personalrisiken:

- Macht sich eine sinkende Motivation und Leistungsbereitschaft bei den Mitarbeitern bemerkbar?
- Herrscht eine hohe Fluktuationsrate?
- Verschlechtert sich das Arbeitsklima?
- Gibt es chaotische Arbeitsabläufe?
- Können sich neue Mitarbeiter schnell in die Arbeitsabläufe einarbeiten?
- Verlaufen Besprechungen zufriedenstellend und produktiv?
- Erfolgt eine Abstimmung zwischen den Bereichen?
- Sind den Mitarbeitern die Kompetenzen und Aufgaben klar?
- Kann bei Fehlern der Verantwortliche rasch ermittelt und benannt werden?
- Überlassen Mitarbeiter Entscheidungen oft den Vorgesetzten?
- Gibt es ein innerbetriebliches Fortbildungs- und Schulungs- und Weiterqualifizierungskonzept? Etc.

Praxistipp

Abteilungen:

Personal
Organisation
alle anderen

---

[194] Vgl. Focus 7 / 2004.

4.2.2 Postloss-Risk-Management

4.2.2.1 Taktisch richtiges Verhalten im Produkthaftungsfall

Die menschliche Fehlerquelle bleibt trotz aller Vorsichtsmaßnahmen bestehen, sie kann allenfalls minimiert werden. In der Regel können trotz Schulung nicht alle Mitarbeiter erreicht werden. Die Haftung von Managern und leitenden Angestellten kann nicht völlig durch D&O-Versicherung ausgeschlossen werden; auch in diesen Bereichen gibt es immer Deckungslücken – ein Restrisiko bleibt. Dies stellt aber auch den Bereich des „unternehmerischen Risikos" dar, der jeden Unternehmer zwangsläufig trifft.

Die Implementierung eines funktionierenden Produktbeobachtungssystems (Fehlererkennung, Fehlersammlung, Fehleranalyse, Fehlerbeseitigung) hilft, das Risiko zu minimieren, aber auch hier verbleiben Restrisiken – dies liegt z. B. daran, dass die Grenze zum Entstehen einer Rückrufpflicht schmal und nur im Einzelfall bestimmbar ist.

Es stellt sich die Frage, welche Maßnahmen nach dem Eintritt eines Schadensfalles zur Schadensbegrenzung zu ergreifen sind.

Beispiel

Die Inbetriebnahme des Toasters durch eine Kundin, die das Produkt der Waldmann-GmbH gekauft hat, hat einen Kurzschluss im Gerät verursacht. Es wurde ein Wohnungsbrand ausgelöst, die Kundin erlitt mittlere Verletzungen.

Es muss ganz klar festgestellt werden, das ein zuvor erstellter Notfallplan an dieser Stelle wertvolle Hilfe leisten kann. Der Betriebsablauf soll durch den Schadenseintritt möglichst nicht gestört werden, es sind ggf. Maßnahmen zu ergreifen, die einen möglicherweise beeinträchtigten Betriebsablauf rasch wiederherstellen. Nicht überstürzt, aber zügig handeln, lautet die Devise. Nach Möglichkeit ist ein Beraterteam einzuschalten, ein Notfall-Team mit eigenen Kompetenzen zu bilden.

Dass Produktmängel überhaupt keine negative Öffentlichkeitswirkung haben, wird kaum zu erreichen sein. In der Prozessphase der Schadensbegrenzung ist insbesondere eine gezielte Krisenkommunikation wichtig. In der Vergangenheit aufgebaute Netzwerke zu Medien sind hier nicht zu unterschätzen.

Tipp:

- Notfallplan im Versicherungsfall:
- Obliegenheit beachten,
- Ansprüche aus technischer Sicht überprüfen lassen,
- Ansprüche aus rechtlicher Sicht überprüfen lassen (spezialisierter Anwalt)

Praxistipp

4.2.2.2 Die Möglichkeit der außergerichtlichen Einigung

Eine **außergerichtliche Einigung** ist einem Rechtsstreit in jedem Fall vorzuziehen: Gerichtliche Verfahren verursachen Kosten, dauern unter Umständen durch den Instanzenzug sehr lange und können durch negative Publizität das Unternehmensimage schädigen. Jeder Rechtsstreit trägt Risiken für alle Beteiligten in sich.

Außergerichtliche Einigung

Übersicht über die Arten der außergerichtlichen Streitbeilegung

Streitbeilegung durch:	§§	Beschreibung
Vergleich	§ 779 BGB	Der Vergleich ist ein Vertrag, durch den der Streit oder die Ungewissheit der Parteien über ein Rechtsverhältnis im Wege gegenseitigen Nachgebens beseitigt wird. Sonderform: Der Anwaltsvergleich (§ 796a ZPO: Rechtsanwälte schließen den Vergleich für ihre Mandanten)
Mediation		Außergerichtlicher Einigungsversuch, der von einem sogenannten Mediator moderiert wird.
Schiedsgerichtsverfahren	§§ 1025 ff ZPO	Eine Schiedsvereinbarung ist die Abrede der Parteien, alle oder einzelne, gegenwärtige oder künftige Streitigkeiten zwischen ihnen der Entscheidung durch ein Schiedsgericht zu unterwerfen (§ 1029 I ZPO). Der Schiedsspruch hat die Wirkung eines rechtskräftigen Urteils (§ 1055 ZPO; Folge: Keine Berufung etc. mehr möglich). Auch im Schiedsverfahren gibt es eine Vergleichsmöglichkeit (§ 1053 ZPO).
Einigungsversuch	Art. 15a EGZPO	Im Bereich des Produkthaftungsrechts nur relevant bei vermögensrechtlichen Streitigkeiten mit einem Wert bis zu 750 Euro. Der Einigungsversuch ist nicht nötig, wenn die Parteien nicht im selben Bundesland wohnen.
Güteverhandlung	§ 278 II 2 ZPO	Seit der ZPO-Reform geht - wie im Arbeitsrecht - der eigentlichen streitigen Verhandlung eine Verhandlung zur gütlichen Streitbeilegung voraus. Dies gilt nur dann nicht, wenn bereits zuvor ein Einigungsversuch vor einer außergerichtlichen Gütestelle stattfand oder die Güteverhandlung erkennbar aussichtslos ist.

4.2.2.3 Rechtsstreit vor Gericht

Soweit eine außergerichtliche Beilegung des Streites nicht möglich ist und das Unternehmen verklagt wurde, sind **folgende Punkte für eine Klage** zu beachten:

Tipps für den Klagefall:

- Alle verfügbaren Beweismittel (Zeugen, Urkunden, sonstige Informationen sichern) sammeln, insbesondere das fehlerhafte Produkt, Polizeiberichte, Zeugenaussagen, Fotos, Wetterberichte, technische und medizinische Gutachten (Vorsicht: auch derartige Berichte können fehlerhaft sein).

- Überprüfung des Vorbringens des Geschädigten aus technischer Sicht.

- Rekonstruktion von Unfallabläufen und Aufbereitung der technischen Abläufe für Juristen.

- Überlegung durch Fachmann, ob der Schaden überhaupt durch den angeblichen Defekt verursacht worden sein kann oder ob Produktmissbrauch vorliegt.

- Wichtig ist die Auswahl des richtigen Rechtsanwalts: Verständnis für technische Fragen und juristische Spezialkenntnisse sind erforderlich. Insbesondere im Ausland ist wichtig: Klare Honorarvereinbarung mit Anwalt (wo zulässig auch Erfolgshonorarvereinbarung).

- „Übersetzung" der Technikersprache und Juristensprache in auch für Laien verständliche Ausführungen: Der Jurist (z.B. der Richter) ist kein Techniker, der Techniker (z.B. vom Gericht bestellter Sacherständiger) ist kein Jurist. Es besteht sonst die Gefahr, dass sie ihre Ansichten, Argumente und Ausführungen im Prozess und in den Schriftsätzen nicht „rüberbringen" und verständlich machen können und deshalb Nachteile erleiden! („Turmbau zu Babel-Syndrom").

- Vorsicht bei Zustellungen aus dem Ausland (Punitive-damage-Klagen).

- Kontaktaufnahme mit Zulieferern, deren Zulieferteile möglicherweise den Schaden verursacht haben.

- Versuchen, mit diesem ein Teilungsabkommen bezüglich des Schadensfalls zu treffen.

Praxistipp

Weitere prozessuale Tipps:

Praxistipp

- Immer an **selbständiges Beweissicherungsverfahren** denken (§ 485 ff ZPO): Ein vom Gericht bestellter Sachverständiger sichert und begutachtet, das Gutachten kann anders als vielleicht „Privatgutachten„ auch im Prozess verwendet werden.

- **Streitverkündigung** (§ 74 ff ZPO) ggf. gegenüber Zulieferer oder anderen Vertragspartner, soweit die Möglichkeit besteht, dass deren Handeln mitursächlich für den Schadensfall war: Kostet nichts, bringt aber oft viel.

- Mit Vertragspartnern **Schiedsgerichtsvereinbarung** bei Prozess oder bereits im Vorfeld vertraglich vereinbaren. Vorteil: Nur eine Instanz, spart gegenüber dem ordentlichen Rechtsweg erheblich Zeit und Geld.

Kapitel 22: Psychosoziales Krisenmanagement in der Produkthaftung

1. Ein Mercedes bleibt nicht liegen...?

Viele erinnern sich vielleicht an den Werbespot:[195]

> Ein Mann geht fremd, er kommt dadurch zu spät nach Hause und schiebt es gegenüber seiner Frau aufs Auto: „Ich hatte eine Panne." Seine Frau fragt: „Mit deinem Mercedes?" Und schon bekommt er eine saftige Ohrfeige.

Beispiel

Diese schlechte Ausrede zählt zu den legendären Kampagnen für eine Automarke, deren Ruf auf Unverwüstlichkeit gründet – ein Mercedes bleibt nicht liegen.

Die jüngste Baureihe der E-Klasse jedoch würde schon eher für eine solches Alibi taugen. Die internen Untersuchungen waren blamabel: Die Pannenhäufigkeit des Oberklassewagens war wesentlich höher als bei anderen, auch günstigeren Modellen der Marke. Die neue E-Klasse streikte im vergleichbaren Zeitraum dreimal so oft wie etwa die kleine A-Klasse.[196] Die Hauptursache war schnell ausgemacht: Die elektrische Anlage lief nicht störungsfrei. Aus verständlichem Grund: Die Bordelektronik verfügt über mehr Speicherkapazität als die Apollo-Rakete, mit der US-Astronauten zum Mond flogen.[197] Durch digitale Steuersysteme wurden die Autos zwar sicherer, sauberer und komfortabler, doch die Bordelektronik ist mittlerweile auch die Pannenursache Nummer eins.

---

[195] Im Folgenden vgl.: Der Spiegel 40 /2003.
[196] Der Spiegel 40 / 2003, S. 170.
[197] Der Spiegel 40 / 2003, S. 170.

2. Warum Krisenmanagement?

2.1 Auf den Eindruck kommt es an

Der richtige Eindruck

Lernen allerdings kann man vom professionellen Krisenmanagement, das von Mercedes und anderen Automobilkonzernen bei einem Produktmangel mittlerweile betrieben wird.

Nicht nur das technische Krisenmanagement wie Nachbesserungen, Nachrüstungen, kostenlose Umtauschmöglichkeiten sowie fortwährendes Nachforschen und Ursachenanalysen werden betrieben. Auch und vor allem auf das Krisenmarketing, das sich auf effektive Öffentlichkeitsarbeit und Imagepflege konzentriert, wird verstärkt Wert gelegt.

Wichtig ist also nicht nur, welcher materielle Schaden durch einen Produktmangel entstanden ist. Vielmehr kommt es auf den Eindruck an, der in der Öffentlichkeit entsteht. Ein Konzern wie Daimler-Chrysler geht dort mittlerweile auch – auf den ersten Blick – zunächst abstrus anmutende Wege. So werden zum Beispiel Neuwagen der gehobenen Preisklasse nicht mehr vom Pannendienst des ADAC betreut, sondern vom Hersteller selbst.[198] So wird das jeweilige Modell, egal wie oft es liegen bleibt, in der offiziellen Pannenstatistik des ADAC immer gut aussehen. Damit bleibt das Image der Zuverlässigkeit und Unverwüstlichkeit in der Öffentlichkeit und damit beim Kunden und Geschäftspartner erhalten.

Was für große Automobilkonzerne hilfreich ist, kann für jedes andere Unternehmen, das sich in einer Produktkrise befindet, nur recht sein.

---

[198] Der Spiegel 40 / 2003, S. 170.

2.2 Treue trotz Krise

Mit Geschäftspartnern, Kunden wie Lieferanten, gute Geschäftsbeziehungen zu unterhalten und zu pflegen ist eine gewichtige Geschäftsstrategie, vielleicht sogar die wichtigste Geschäftsidee, die verfolgt werden muss. Doch in jeder Geschäftsbeziehung kann es Probleme, Klagen oder massive Krisen geben, vor allem dann, wenn es sich um eine Produktkrise handelt. Eine Produktkrise nämlich betrifft immer den eigentlichen Kernbereich der unternehmerischen Tätigkeit: das, was eigentlich verkauft oder „an den Mann" gebracht werden soll, ist mangelhaft, oder wird vom Geschäftspartner als mangelhaft deklariert. Dies gilt im Übrigen auch für Unternehmen, die eine reine Dienstleistung anbieten.

Treue trotz Krise

Damit gilt es nun nicht nur juristisch oder technisch richtig umzugehen. Gerade beim Management in einer Produktkrise zählen nicht nur Rechtsprechung und Gesetz, sondern die Wahrnehmung in der Öffentlichkeit und damit bei Geschäftspartnern. Diese gilt es zufrieden zu stellen und damit die Treue zu ihrem Unternehmen zu bewahren, auch und gerade in der Krise.

Viele langwierige juristische Grabenkämpfe lassen sich durch geschicktes und effizientes Krisenmanagement bereits im Vorfeld lösen oder abschwächen. Die Erfahrung zeigt, dass dadurch unnötige Eskalationen vermieden werden.

2.3 Stärke in der Krise

Vom UNICEF-Botschafter, Weltenbummler und Oscar-Preisträger Sir Peter Ustinov stammt der Satz:

Stärke in der Krise

> „Wir respektieren einen Menschen wegen seiner Stärken, aber wir lieben ihn wegen seiner Schwächen."

Unternehmerisch gewendet kann man daher konstatieren:

Beispiel

> „Wir respektieren ein Unternehmen wegen seiner Stärken, aber wir „lieben" es, wenn es mit seinen Schwächen richtig umgeht."

2.4 Nachhaltige Kundenbindung

Nachhaltigkeit

In der Produktkrise geht es also darum, das Produkt UND die Kundenbeziehungen zu reparieren. Die so zu erzielende **Nachhaltigkeit** in der Beziehung zu seinen Geschäftspartnern wurde auch von *General Electrics* erkannt.[199]

Beispiel

> Der US-Konzern stellte fest, dass Kunden im Durchschnitt 15 größere Haushaltsgeräte kaufen. So wurde ein erheblicher Aufwand in ein Beschwerde-Center investiert, um Kundenbeziehungen zu pflegen, Probleme effektiv und effizient zu bewältigen und natürlich so den Kunden – trotz der Schwäche oder Krise (oder gerade deswegen) – nachhaltig ans Unternehmen zu binden.

Denn es gilt: 10 Produkte an einen Kunden zu verkaufen ist immer besser, billiger und effektiver als ein Produkt an 10 Kunden zu veräußern.

2.5 Die Kundenbeziehungen reparieren

Auch der US-Autohersteller Saturn liefert ein gutes Beispiel eines gelungenen Krisenmanagements in der Produktkrise:[200]

> Als bei rund 350.000 Autos ein technischer Defekt festgestellt wurde, tat Saturn neben allen technischen und juristischen Maßnahmen, alles erdenkliche: es wurde eine kostenlose Telefon-Hotline installiert, Mitarbeiter besuchten Kunden zu Hause, betroffene Händler erhielten Unterstützungszahlungen. Ziel war, das Auto UND die Kundenbeziehungen zu reparieren. Der Aufwand hatte sich – auch finanziell – gelohnt: Kurz darauf wurde Saturn in einer Kundenumfrage in puncto Zufriedenheit mit Verkauf und den Händlern als Nummer eins seiner Klasse bewertet.

2.6 Und die Kosten...

Kosten

Die **Auswirkungen** eines geschickten **Krisenmanagements** auf **Umsatz** und **Gewinn** eines Unternehmens sind eindrucksvoll.

---

[199] Vgl. Harvard Business Manager, Band 8, S. 84 ff.
[200] Vgl. Harvard Business Manager, Band 8, S. 84 ff.

So erzielte die Hotelkette Hampton Inn nach Einführung eines neuen – und finanziell aufwändigen– Beschwerdemanagements mit Service-Garantie zusätzliche elf Millionen Dollar Umsatz und die höchste Kundenbindung in der Branche.[201]

Beispiel

3. Ein Paradigmenwechsel im Krisenmanagement:

3.1 Die Krise als Chance

Viele Unternehmen haben erkannt: Bei geschicktem und effektivem Krisenmanagement kann eine Krise auch zur Chance werden.[202] Die Krise wird nicht mehr nur „gemanaged," indem der Schaden irgendwie begrenzt wird, um mit einem blauen Auge aus der Sache heraus zu kommen. Im Gegenteil: Gerade die Produktkrise wird als Chance begriffen, sich den Geschäftspartnern, Lieferanten und Kunden als kompetenter und zuverlässiger Partner zu präsentieren.

Die Krise als Chance

3.2 ECHO –„Every Contact Has Opportunity"

Die USAA, ein US-Großversicherer und Finanzdienstleister, kreierte die Methode ECHO – „Every Contact Has Opportunity", „Jeder Kontakt hat eine Chance/Möglichkeit".[203] Gerade in einer Produktkrise steht man im Ansturm der Lieferanten, Kunden, Mitarbeitern und nicht zuletzt einer breiten Öffentlichkeit, die über die Medien mit Informationen gefüttert werden will.

„Every Contact Has Opportunity"

Diese teilweise neu entstehenden Kontakte müssen nicht als Behinderung oder Last begriffen werden, sondern als Chance: Es bietet sich die Möglichkeit, sich selbst und das Unternehmen – wenn auch unter ungünstigen Umständen – zu präsentieren.

---

[201] Vgl.: Harvard Business Manager, Band 8, S. 84 ff.
[202] Dies ergibt sich bereits aus der eigentlichen Wortbedeutung: das griechische Wort „krisis" meint wörtlich „Entscheidung" und hat damit zunächst nicht den negativen Impetus, in dem es im umfassenden Sprachgebrauch heute gerne benutzt wird.
[203] Vgl. Harvard Business Manager, Band 8, S. 84 ff.

Wichtig ist die Schulung und die Befähigung von geeigneten Mitarbeitern, die dieser Aufgabe gewachsen sind.

3.3 Marketing der Krise

Marketing

So ist die Krisenintervention immer auch als Marketinginstrument zu sehen. Einige Beispiele in der Vergangenheit zeigen deutlich: Es gilt nicht nur, mit Marketing in der Krise den Schaden möglichst gering zu halten. Wie man die Krise selbst mit großem Gewinn – ideell, imagetechnisch und auch finanziell – vermarktet, hat Daimler-Benz 1997 vorbildlich gezeigt:

4. Das „Elchtest-Krisenmanagement"[204]

4.1 Ein Auto kippt

Elchtest-Krisenmanagement

Ein schwedischer Autotester kippte mit seinem „Elchtest" nicht nur ein Exemplar der neuen A-Klasse, sondern brachte das gesamte – mit vielen Ambitionen gestartete – Mercedes-Kleinwagenprojekt ins Schlingern. Das Foto eines auf zwei Rädern unkontrolliert kurvenden Mercedes ging um die Welt und vermittelte einer breiten Öffentlichkeit rasend schnell den Eindruck, das Gefährt sei unsicher. „Das Unternehmen geriet dadurch in Gefahr, in seinen Kernkompetenzen und Grundwerten erschüttert zu werden", heisst es in einer Dokumentation über das damalige Krisenmanagement von Daimler.[205] Das Debakel war bald vergessen, ein Image- und Vertrauensverlust des Autokonzerns wurde vermieden. Fachleute sind sich sicher, dass

Praxistipp

> die schnelle Reaktion des Konzerns, die Bereitschaft des Managements, einen Mangel einzuräumen,[206] sowie die unbürokratische Abhilfe

ein Langzeit-Desaster verhinderten.[207]

---

[204] Im Folgenden vgl. Süddeutsche Zeitung, 11.02.2000.
[205] Süddeutsche Zeitung, 11.02.2000.
[206] Allerdings ist hier höchste Vorsicht geboten: „einen Mangel einräumen" bedeutet noch keine Schuldanerkennung. Dies könnte juristisch und versicherungstechnisch negative Folgen für Ihr Unternehmen haben.

4.2 Der Wille zur Aufklärung

„Der Wille zur lückenlosen und nachhaltigen Aufklärung[208] muss die erste Kernbotschaft sein", heißt es in der Daimler – Krisendokumentation.[209]

> So trat Mercedes-Chef Jürgen Hubbert wenige Tage nach dem A-Klassen Unfall vor die Presse und gestand: „Wir haben offenbar eine Schwäche". Gleichzeitig bot er kostenfrei die Nachrüstung aller A-Klasse-Fahrzeuge mit der elektronischen Stabilisierungshilfe ESP an. Da diese Wundertechnik aber noch gar nicht auf dem Markt war, wurde die Produktion der A-Klasse sogar für ein paar Monate eingestellt.

Beispiel

4.3 Boris Becker spricht

Nach Wiederaufnahme der Produktion ging Daimler mit Image-Anzeigen ins Rampenlicht. Zum Beispiel mit einer Kampagne, in der Boris Becker sagte: „Ich habe aus meinen Rückschlägen oft mehr gelernt als aus meinen Erfolgen".[210] Daimler hatte den richtigen Ton getroffen. Die Image-Werte des Konzerns blieben hoch. Durch die getroffenen Maßnahmen wurde nicht nur das schlimmste verhindert, im Gegenteil, Daimler steigerte sogar das Vertrauen seiner Kunden, indem es gerade in der Krise auf seine Kernkompetenzen und Grundwerte baute.

---

[207] Vgl. Süddeutsche Zeitung, 11.02.2000.
[208] Dafür ist im Unternehmen eine umfassende und sofort verfügbare Dokumentation erforderlich. Vergleichen Sie dazu auch das entsprechende Kapitel im vorliegenden Buch.
[209] Süddeutsche Zeitung, 11.02.2000.
[210] Die Verbindung zum oben genannten Ustinov-Zitat „Wir respektieren einen Menschen wegen seiner Stärken, aber wir lieben ihn wegen seiner Schwächen" ist hier mehr als augenfällig.

4.4 Den Stolz vergessen

Den Stolz vergessen

Die Erfahrung zeigt, dass ein Unternehmen in der Krise -richtig verstanden- seinen Stolz vergessen muss. Ob der Hersteller eines kritisierten Produktes oder einer scheinbar mangelhaften Dienstleistung im Recht ist oder nicht, ist zunächst unerheblich. Was die Öffentlichkeit wahrnimmt oder was per Multiplikator in die Öffentlichkeit getragen wird, zählt. Dies gilt für den kleinen Elektroladen genau so wie für den großen Weltkonzern.

4.5 Der Ton macht die Musik

Der Ton macht die Musik

Es gilt daher zunächst – insbesondere gegenüber den Medien, aber auch gegenüber den betroffenen Kunden - den richtigen Ton zu finden:[211]

Praxistipp

- Ehrlichkeit, ohne Firmengeheimnisse zu verraten. Nichts wird schneller aufgedeckt als eine Lüge.

- Diplomatie: Alles, was gesagt wird, muss wahr sein, aber nicht alles, was wahr ist, muss auch gesagt werden.

- Verbindung halten – zur Presse, zu Kunden, zu Lieferanten – und den ersten Schritt machen.

- Optimismus und Zuversicht ausstrahlen.

- Mehr tun als man müsste.

- Alles, was versprochen wird auch halten. Nie mehr versprechen als gehalten werden kann.

- Unterstützung und lückenlose Aufklärung zusichern.

- Verständliche und freundliche Sprache verwenden.

- Den eigenen Stolz vergessen.

- Keine Arroganz – sympathischer ist eine zugesagte Aufklärung bzw. ehrliche Anteilnahme.

---

[211] Im Folgenden vgl. Jay, Krisen managen, München 2001.

5. Aus Fehlern wird man nicht immer klug...

5.1 Krisenmanagement bei Audi

Wie stark sich falsches Management in der Produktkrise auswirken kann, zeigt das Beispiel Audi:[212]

Aus Fehlern lernen

5.1.1 „Nicht wir, der Kunde ist schuld"

1986 flimmerten schaurige Geschichten über die amerikanischen Fernsehschirme. Automatik-Autos von Audi hätten sich beim Anlassen selbst in Bewegung gesetzt und Menschen getötet. Diese schockierenden Nachrichten von „unintended accelleration" (unbeabsichtigte Beschleunigung) zerstörten das Image des Ingolstädter Autoherstellers derart, dass der Absatz von 74.000 Fahrzeugen im Jahr 1985 auf 12.000 im Jahr 1991 zurück ging. Hauptgrund für den Niedergang war jedoch nicht der vermeintliche technische Fehler – spätere Prozesse ergaben, dass die Autos tatsächlich fehlerfrei waren – sondern die Art und Weise, wie man bei Audi mit dem Problem umging. Dort beharrte man darauf, voller Stolz und Selbstbewusstsein, dass die Autos einwandfrei seien und implizierten dadurch den Vorwurf an die Besitzer, beim Anlassen wohl Brems- und Gaspedal verwechselt zu haben. Ein Kardinalfehler des Krisenmanagements: „Statt die Kunden zu kritisieren, hätte Audi sein Bedauern über die tragischen Unfälle aussprechen müssen."[213]

„Nicht wir, der Kunde ist schuld"

5.1.2 „Keine Verbindung zwischen den Toten und dem Auto"

Doch man wird aus Fehlern nicht immer klug. Kurz nach der Markteinführung des neuen Sportwagens Audi TT zeigte sich, dass das Fahrzeug ab einer bestimmten Geschwindigkeit gerne außer Kontrolle geriet. Schwere Unfälle –teilweise tödlich- waren die Folge. Die Reaktion des damaligen Audi Sprechers Rainer Nistl: „Wir sehen die Verbindung zwischen den Toten und dem Auto nicht."[214]

---

[212] Vgl. Süddeutsche Zeitung, 11.02.2000.
[213] Zitiert nach: Süddeutsche Zeitung, 11.02.2000.
[214] Zitiert nach: Süddeutsche Zeitung, 11.02.2000.

5.2 Ein Handy brennt - das Beispiel Nokia

Nokia

Neueres Beispiel dieser Form des Krisenmanagements ist der Handy-Weltmarktführer Nokia.[215]

> Nachdem die Stiftung Warentest auf die Gefährlichkeit von Nokia-Akkus hinwies – die Geräte fingen Feuer, explodierten und verletzten so mehrere Kunden – hieß es bei Nokia nur, dass diese Aussage schlichtweg falsch sei. Für ein Nachrichten-Magazin wie „Der Spiegel" natürlich ein gefundenes Fressen. Für Nokia ergibt sich daraus die Gefahr, dass sich aus einem brennenden Handy ein Flächenbrand entwickelt. Mehrere Boulevard-Journale haben sich mittlerweile auf den Fall gestürzt. Ob in Print- oder Fernsehmedien, in teilweise heftig überzeichneten Horrorgeschichten von Handyexplosionen, überall wird der Name Nokia genannt mit gleichzeitigen, bisweilen heftigen Unmutsbekundungen über die Reaktionen aus dem Hause des Handy-Weltmarktführers.

Hier wurden wohl alle Prinzipien des Krisenmanagements auf den ersten Blick über Bord geworfen. Ein Ende der Krise ist dabei nicht abzusehen...

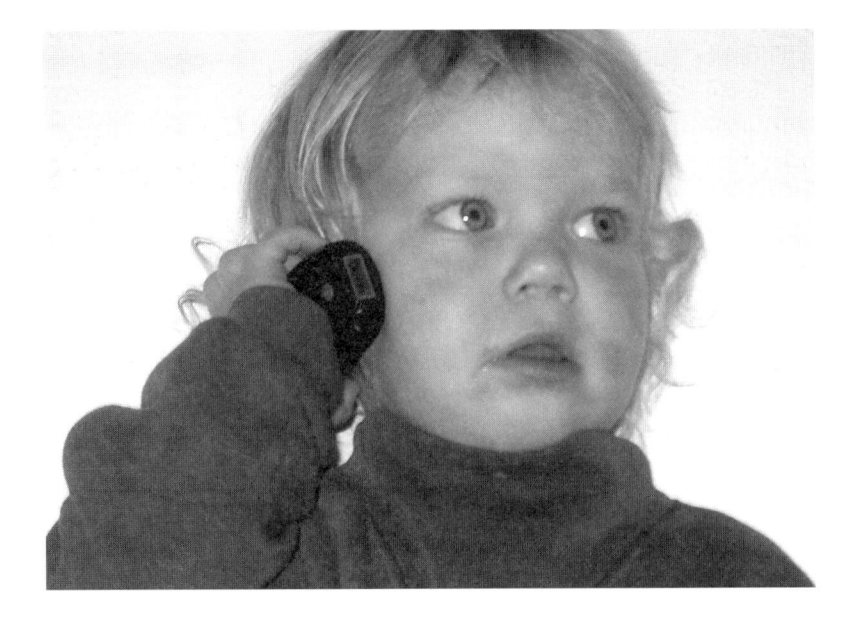

---

[215] Vgl. Der Spiegel 47 / 2003, S. 210.

6. Konkrete Maßnahmen in der Produktkrise:[216]

6.1 Ein kleiner „Krisen-Expresso"

- Feststellen, was das **eigentliche Problem** ist, und dementsprechende **Prioritäten** setzen. Nebenkriegsschauplätze sind in der Reihenfolge ihrer Priorität zurückzustellen.

- Bemühen um **umfassende, lückenlose Aufklärung.**

- Erste Priorität hat **immer der Mensch** (Ist Leib und Leben gefährdet oder durch unsere Produkte gefährdet worden?), dann die Umwelt, dann Eigentum, zuletzt kommt das Geld.

- Planungsphase, in der es um die **Abstimmung mit anderen Personen (Versicherer, ect.) oder Unternehmen** geht.

- Durchführung **konkreter Maßnahmen**, die an die richtigen **Personen delegiert** werden müssen.

- Nicht unnütze **Zeit mit Schuldzuweisungen oder unnötigen Grabenkämpfen** verschwenden.

- Der **Ton macht die Musik**. Techniken der **Menschenführung und Kommunikation** sind unabdingbar.

- Bedenken der **Krisen-Ökologie** und des damit verbundenen Public-Relation-Effekts.

- Check der **Spätfolgen und Nachwirkungen** einer Krise.

- Nachbearbeitung zur Erstellung einer eventuellen **Krisenprävention und von Notfallplänen**. Feedback an die in der Krise Beteiligten oder von der Krise Betroffenen.

„Krisen-Expresso"

Im Folgenden werden einige dieser oben nur kurz angesprochenen Punkte näher dargestellt.

---

[216] Im Folgenden vgl. Jay, Krisen managen, München 2001.

6.2 Die Problemfindung

6.2.1 Krisenpriorität

Krisenpriorität

Priorität ist immer eine gedankliche Klärung dessen, was eigentlich das Problem ist. Bei einem akuten Problem ist auch unmittelbar klar, was zu tun ist. Allerdings ist auch hier kurzes Nachdenken von Nöten.

In allen anderen Krisenfällen:

Praxistipp

> - Nur wer zuerst nachdenkt, kann richtig handeln; keine überstürzte Kopflosigkeit, sowohl emotional wie technisch.
>
> - Ein paar Momente des Innehaltens und Durchatmens helfen zu einem kühlen Kopf und der emotionalen Kontrolle. Keine John Wayne-Taktik anwenden, der mit einem schnellen „Schuss aus der Hüfte" scheinbar alle Probleme klärte.

Dies hat vor allem beruhigende Wirkung auf die Umgebung. Vom englischen Kapitän Sir Francis Drake wird erzählt, dass er seelenruhig Boccia spielte, während die spanische Armada auf sein Schiff zulief. Wer in kritischen Situationen die Ruhe bewahrt, dem wird man – zumindest innerhalb der kritischen Masse – zutrauen, die Krise zu meistern. Entscheiden sind die Leute, denen Vertrauen entgegengebracht wird, mehr noch allerdings werden die **Leute gebraucht, die einem vertrauen.**

Praxistipp

> **Achtung:**
>
> Zu lange Durchatemphasen erreichen genau das Gegenteil; deshalb Transparenz des eigenen Tuns („Einen Moment, ich muss mir nur kurz klar machen was zu tun ist,...ich muss mich kurz sammeln,...ich brauche jetzt einen klaren Kopf").

6.2.2 Problemerkennung

In Krisenfällen ist es leicht, das Problem zu erkennen? Mitnichten!

Wir neigen in Krisenfällen dazu, uns allein auf die Oberfläche des Problems zu konzentrieren. **Das Entscheidende aber sind immer die Auswirkungen dieser Oberflächenereignisse. Man nennt dies den Öko-Check**, also die Auswirkungen erkennen, die ein Ereignis auf die Umgebung hat, positive wie negative. Es gilt auch Reaktionsketten und - vor allem negative - Multiplikatoren zu beachten: Nur dann ist es möglich, effektiv und punktgenau gegenzusteuern.

Öko-Check

Daraus folgt auch: **Das eigentliche Problem ist abzuklären und nicht immer nur die Ursache**. Innerhalb eines Beschwerdemanagements im Produkthaftungsfall ist es notwendig, sich auch mit dem eigentlichen Problem des Kunden zu beschäftigen.

Problemabklärung

> **Beispiel:**
>
> Ein fehlerhafter Computer oder eine mangelhafte Software kann fatale Auswirkungen für den Arbeitstag des Kunden haben:
>
> - keine Bestellungen entgegennehmen
> - keine Bestellungen bearbeiten
> - keine Rechnungen verschicken
> - kein dringender Mail- Ein/Ausgang
> - keine Telephonnummern

Beispiel

Reaktionen

Klärung des entstandenen Problems: Kann der Computer binnen angemessener Zeit wieder zum Laufen gebracht werden, oder existiert in der Firma des Kunden ein Ersatzgerät?

Reaktionen

Hat diese erste Klärung ein negatives Ergebnis, dann greift der Öko-Check: Nicht der Computer ist das eigentliche Problem, sondern die Arbeiten, die nicht mehr an diesem Computer ausgeführt werden. Dann ist es notwendig, die Prioritäten dieser Folgen zu klären: Haben diese nicht mehr auszuführenden Arbeiten oberste Priorität (Bestellungen abschicken, da sonst Bandstillstand oder enorme Schadensersatzforderungen), dann sind diese zunächst zu lösen. Es könnte ein Ersatzgerät oder funktionierende Software zur Verfügung gestellt werden.

Erst dann wird untersucht, worin der Mangel am Produkt begründet liegt: Ist es ein einmaliger „Ausreißer", handelt es sich um einen Bandfehler, hat ein Produktionsmitarbeiter schlampig montiert, oder ist es gar ein Planungsfehler, so dass gar die Rückkehr an die Reißbretter erfolgen muss.

Praxistipp

> **Also immer:**
>
> Problem erkennen, Auswirkungen des Problems exakt analysieren (Öko-Check), Prioritäten setzen, handeln.

7. Handlungsmaximen im Krisenfall[217]

In größtmöglicher Ruhe wurde das Problem und seine Ökologie erkannt, gedanklich die Prioritäten festgelegt. Nun ist zu entscheiden, wie mit dem Problem umgegangen werden will.

7.1 Teambildung

Teambildung

Es ist allen zu zeigen, dass man gebraucht wird. Ideal ist ein Team von vier bis fünf Personen, am besten die, mit denen man unter normalen Umständen auch zusammen arbeitet. Wenn normalerweise mit einem Team von vier bis acht Personen zusammengearbeitet wird, dann wird niemand aus dem „Krisenstab" ausgeschlossen. Jeder dieser Krisen-Mitarbeiter kann wieder ein eigenes Team rekrutieren.

---

[217] Im Folgenden vgl. Jay, Krisen managen, München 2001.

7.2 Transparenz der Lage

Noch einmal exakt die Lage erklären, denn nicht jeder hat unter Umständen alles mitbekommen. Nichts beschönigen. Den Mitarbeitern sagen, was auf sie zukommt. Eventuelle Auswirkungen des Problems darstellen. (Nicht jeder weiß vom drohenden Bandstillstand bei BMW, der durch den Mangel eines der gelieferten Teile zu verantworten ist, oder von den heute zu erstellenden Gehaltsabrechnungen beim Kunden, dem ein mangelhaftes Druckersystem geliefert wurde). Es ist allerdings immer darauf zu achten, dass Internas nur an Personen weiter gegeben werden, für die sie bestimmt sind. Es sollen auch nicht unnötig die Pferde scheu gemacht werden. **Allerdings sollte jeder auf der Grundlage der selben Informationen und Prioritäten arbeiten.** Schon kleine Fehler können die Krise eskalieren lassen. Andernfalls werden sich Gerüchte und Mutmaßungen rasend schnell verbreiten, vor allem in der Öffentlichkeit und dies wird am aller wenigsten gebraucht. Eine solche Lagebesprechung kann sehr kurz sein, wenn der Krisenmanager selber über die Prioritäten und die Sachlage im Klaren ist.

Transparenz

7.3 Problem- und Prioritätenabfrage

Wenn bereits das Problem und die Prioritäten festgelegt sind, sind die **Ergebnisse dem Team oder der gesamten Mannschaft präzise mitzuteilen. Nachzufragen, ob jemand weitere Prioritäten und Probleme erkennt, ist hilfreich.** (Vielleicht wurde gerade heute – bevor das Problem aufgetaucht ist - eine größere Lieferung des scheinbar mangelhaften Produkts an den besten Großkunden des Unternehmens aufgegeben und ein Mitarbeiter macht im Rahmen der Problemanalyse darauf aufmerksam).

Prioritätenabfrage

7.4 Wurden Sie richtig verstanden?

Keine Krisenbesprechung wird beendet, ohne nicht ganz sicher zu sein, dass alles richtig verstanden wurde. **Jeder muss genau wissen, wo das Problem liegt,** und was er zu tun hat. Es ist wichtig Nachfragen zuzulassen.

Wissen, wo das Problem liegt

7.5 Persönliches Auftreten

Auftreten

Selbstbewusst und entschieden auftreten, allerdings nicht autoritär. Man muss nämlich zwei Dinge erreichen: Auf der eine Seite zu verdeutlichen, dass die Lage ernst und kritisch ist, dass Eile geboten ist und nicht ellenlang herumgeredet wird. Auf der anderen Seite die Mitarbeiter zu animieren etwas Wichtiges zur Lösung beizutragen. Wichtig ist zu spüren, dass die eigene Meinung gefragt und wichtig ist. Die Suggestion, dass außer einem selbst keiner zu Wort kommt, ist zu vermeiden.

7.6 Suche nach Lösungen

Probleme benötigen Zeit

Die Aufforderung sich bei der Suche von Lösungen einzubringen geht an alle. Es gilt, Ideen zu sammeln. Jedes Problem benötig Zeit. **Alle müssen zu Wort kommen, damit keine Informationen entgehen.** Dieses Brainstorming muss und darf nicht zu lange dauern. Es ist die beste Ressource, um möglichst schnell möglichst viele Informationen und Lösungsvorschläge zu sammeln. Optimal allerdings wäre es, wenn nicht erst in der gerade entstandenen Krise nach Lösungen gesucht werden muss. Im Rahmen einer Implementierung eines Risikomanagement-Systems können bereits im Vorfeld mögliche Krisenszenarien und Gegenmaßnahmen in Ruhe entworfen werden und die Bekämpfung der Krise sogar simuliert werden. Einige „Aha-Erlebnisse", Erkenntnisse und Überraschungen dürften sicher sein.

7.7 Nichts Überflüssiges tun

Unnötigen Kräfteverlust vermeiden

Die Zeit drängt wohl in jeder Krise. Entscheidungen, die im Augenblick nicht getroffen werden müssen, sollten auch nicht getroffen werden. Auf der Grundlage von Spekulationen dürfen keine Entscheidungen getroffen werden. **Es kann leicht passieren, dass so unnötigerweise Kräfteverluste entstehen.** Nur zu leicht können Tatsachen, mit denen man gerechnet hat, gar nicht eintreten. Bei Unsicherheit, dies auch tun zu können, ist das Versprechen, einen Kunden am nächsten Tag zurückzurufen, zu vermeiden.

7.8. Delegation

Die Vergabe von konkreten Aufträgen an eine genau bestimmte Person oder einen Personenkreis, oder die **Übergabe von bestimmten Verantwortungsbereichen**, signalisiert Vertrauen. Das Vertrauen in diese Person oder dieses Team wird sich auszahlen. An späterer Stelle wird darauf noch ausführlicher eingegangen.

Delegation

7.9 Zusammenfassung

Eine Krisenchecliste könnte wie folgt aussehen:

Krisen-Check

- Situation und ihre Konsequenzen zusammenfassen (Öko-Check)
- Problem präzise definieren
- Prioritäten setzen
- Lösungsmöglichkeiten suchen
- Zur Mitarbeit an der Lösung motivieren
- Notwendige Entscheidungen treffen
- Aufgaben an geeignete Personen/Personenkreis delegieren
- Überprüfen, ob alles verstanden wurde.
- **Immer**: Ruhiges, sachliches, ergebnisbezogenes Reden und Handeln. Keine Randgefechte führen, keine Schuldzuweisungen, keine Unsachlichkeiten.

Praxistipp

8. Die Top-Tools im Krisenmanagement:

8.1 Das Delegationsprinzip

Top-Tools

In einer Krise geht es zunächst um schnelles, zielgerichtetes und effektives Handeln. Der größte Teil der Krisenbewältigung besteht nicht nur im Planen und Überlegen, sondern im Agieren. Natürlich soll nicht nur irgendetwas getan werden, sondern das Richtige. In der Krisenbesprechung wurde das Problem und die Prioritäten in Abstimmung mit dem „Krisenteam" festgelegt. Das kann man alles selber machen; aber man kann weder ein „doctor universalis" (gerade nicht in einer Zeit höchster Spezialisierung), noch an allen Orten gleichzeitig sein. Die Übertragung ganzer Arbeitskomplexe oder Teilaufgaben an geeignete Leute ist erforderlich.

8.2 „Auf die Galerie gehen" – Managing by wandering around[218]

Es muss in jeder Krise eine Person geben, die den Überblick behält und die gesamte Krisenbewältigung koordiniert. Einer muss wissen, was alles geschieht. Einer muss zentraler Ansprechpartner für neue Probleme oder neue Lösungsvorschläge sein. Dieser muss äußerlich und innerlich einen klaren Kopf behalten.

Praxistipp

> Von *Henry Ford* stammt der Ausdruck „auf die Galerie gehen", nicht nur tanzen und die Musik machen, sondern von der Tafel zurücktreten und das Gesamtbild im Auge haben.

Dies bedeutet kein tatenloses Herumsitzen. Dazu gehört die Übernahme von Tätigkeiten, die nicht geistig beanspruchen und die auch liegen gelassen werden können: „Niedere" Aufgaben als höchster Akt der Solidarität. Auch der Chef kann bei Bedarf einmal einen „einfachen" Kunden am Telefon betreuen.

---

[218] Vgl. Harvard Business manager, 6/2002, S. 23.

Dies gilt nicht nur für den Krisenfall, sondern ist eine grundsätzliche Eigenschaft der Unternehmensführung und damit der Krisenprävention oder des Risikomanagements.

8.3 Wer tut was?

Wer sich mit der Frage „Wer tut was?" erst im Krisenfall befasst, wird hoffnungslos verloren sein. In der Mitarbeiterführung gibt es vier goldene Prinzipien, die für jedwede Gesellschaftsform unverzichtbar sind. Sie gelten in der Politik genauso wie in der Unternehmensführung. Sie dienen der Psychohygiene Ihres Unternehmens: Personalität, Solidarität, Gemeinwohl, Subsidiarität.

Wer tut was?

Diese Prinzipien beschreiben zunächst Handlungsmaximen außerhalb eines Krisenfalls. Sie gelten als zwischenmenschliche, sozialethische Präventionsinstrumente und wirken damit erleichternd für die Krise selbst: **Wer im normalen Alltag nicht delegieren gelernt hat, der wird es auch im Krisenfall nicht schaffen**.

Die **Prinzipien** seien hier nur kurz angerissen:

Prinzipien

- **Personalität:** Die teuerste und wertvollste Ressource ist der einzelne Mensch, nicht die Gesellschaft, der Staat, oder das Unternehmen. Der erste Weg ihrer Abteilung, ihres Unternehmens ist der einzelne Mensch in seiner ganzen Persönlichkeit und Individualität. In diesem Licht erscheint auch der oft zitierte Satz „Jeder ist ersetzbar" mehr und mehr als grober Unsinn.

- **Solidarität**: Modern vielleicht mit „Teamgeist" zu übersetzen. Miteinander statt gegeneinander. Die Leistung eines Einzelnen gereicht allen zum Fortschritt. Der eine kann ohne den anderen nicht. (Der Chef ist ohne seinen Systemadministrator hilflos wie ein kleines Kind; ebenso der Professor ohne seine Sekretärin; eine Abteilung (Produktion) ist nichts ohne die andere (Disposition). Dies gilt es anzuerkennen, zu honorieren und auszuweiten.)

- **Gemeinwohl**: Keiner arbeitet oder verbucht seine Erfolge auf Kosten des Anderen. Es geht bei einer Entscheidung (ob im Alltag oder in der Krise) immer um das Wohl aller, auch wenn dies nicht immer erreichbar sein wird.

Praxistipp

> - **Subsidiarität**: Jedwede Gesellschaftsform ist ihrem Wesen nach subsidiär. Oder wie Hans-Martin Schleier sagte: **„Führen heißt, andere erfolgreich machen"**. Die vier Schritte subsidiären Handelns sind:
>
> - **Andienen** der Fähigkeiten, die der Andere noch nicht hat. Dies bedeutet, einem Mitarbeiter die Fertigkeiten und Kenntnisse nicht wie eine „Käseglocke" über zu stülpen, sondern ihn behutsam in das zu Erlernende einzuführen.
>
> - **Subsidiäre Reduktion**: Was einmal gelernt wurde, darf nicht mehr entzogen werden.
>
> - **Mündigkeitsfreigabe** in die Eigenständigkeit und Eigenverantwortlichkeit.
>
> - **Subsidiärer Return**: Man bekommt von seinem Mitarbeiter vielfach zurück.

So lernt man die Begabungen und Stärken der Mitarbeiter kennen. Ihre Eigenständigkeit wird gestärkt ohne sie im kalten Wasser ertrinken zu lassen. Im Krisenfall sollte diese Grundform des Subsidiaritätsprinzips in jedem Unternehmen bereits Gang und Gäbe sein.

9. Krisenkommunikation[219]

Krisenkommunikation

Jede Krisenbewältigung ist ein höchst kommunikatorisches Geschehen. Der Erfolg jeder Kommunikation ist nur zu 20% von inhaltlichen Sachargumenten abhängig. Die entscheidenden 80% betreffen den Stil, die Taktik und die Techniken der Gesprächsführung. Diese ist in höchstem Maße von der emotionalen und sozialen Kompetenz der jeweiligen Gesprächs- oder Verhandlungspartner abhängig. Damit durchdringen die folgenden krisenkommunikatorischen Ansätze das gesamte Vorhaben eines Krisen- und Risikomanagements.

---

[219] Vgl. *Heussen, Handbuch*, S. 176.

9.1 Gesprächsstile

In einer McKinsey-Studie[220] wurden Kommunikationsstile bewertet und Ländern zugeordnet. Es stellten sich zwei grobe Richtungen heraus:

Gesprächsstile

1. Ein fordernder, autoritärer, wenig konzessionsbereiter, fast arroganter Stil, in dem die eigenen Positionen und Ansichten den Gesprächspartnern wie eine „Käseglocke" übergestülpt wurde. Häufig wurden äußere Druckmittel angewandt oder auf hierarchische Strukturen verwiesen („Ich breche das Gespräch ab" „Der Chef bin ich"). Dieser Stil wurde als aggresiv und laut bewertet, der nur die eigenen Vorstellungen und Interessen verfolgt und durchzusetzen versucht. Man nannte diesen Kommunikationsstil den erfolgsorientierten Stil. Das zugeordnete Land war Deutschland. Im Krisenfall steht dieser Stil den oben genannten Grundsätzen des Krisenmanagements kontraproduktiv gegenüber. Zwar wird in der Krise immer eine Entscheidung gefordert sein, doch wird er gerade beim notwendigen Brainstorming und der gedanklichen Beteiligung aller an einer schnellen und guten Lösung hinderlich sein.

   Aggressiv

2. Der zweite Stil wurde als kreativ, partnerschaftlich, gedanklich und positionell beweglich bewertet. Wichtig war das gemeinsame, effektive und schnelle Erzielen von konkreten Ergebnissen, die zügig umzusetzen waren. Oft wurden neue Vorschläge und Gegebenheiten leichtgängig in das Ergebnis eingearbeitet. Beim Auftreten neuer Fakten bewegte man sich kreativ in eine neue Lösungsrichtung. Da viele an der Erstellung dieser Lösung gedanklich beteiligt waren, gelang die Umsetzung vor allem im Sinne des Delegationsprinzips in der Regel reibungslos. Wichtig bei diesem Stil ist das Ergebnis und seine Umsetzung. Dieser Stil wurde der ergebnisorientierte Stil genannt. Das zugeordnete Land waren die USA. Vor allem in der Krisenkommunikation ist dieser Stil sehr dienlich.

   Partnerschaftlich

---

[220] *Balzer*, Die McKinsey-Methode, S. 179.

Die Gefahren der zweiten Kommunikationstechnik sind, dass sie schnell zu defensiv oder zu weich wird, dort, wo der erste Stil als zu hart empfunden wird. Ziel der Krisenkommunikation ist immer das konkrete Ergebnis oder die Lösung einer Krise mit der Bewältigung von Teilzielen. Gelungene Krisenkommunikation also bewegt sich zwischen „weich und hart", zwischen ergebnis- oder zielorientiertem Stil. Das Harvard-Concept spricht von „principled" also zielgerichtet, auf Prioritäten ausgerichtet oder lösungsgerecht.

9.2 Das Harvard Negotiations Concept

9.2.1 Menschen und Probleme getrennt voneinander behandeln[221]

Trennung von Mensch und Problem

Die Gesprächspartner sind zu allererst nicht abstrakte Repräsentanten einer Firma, einer Abteilung oder eines Aufgabenbereichs, sie sind Menschen. Sie werden von Gefühlen geleitet, die in einer Krise nützen aber auch stören können. Ein enges Verhältnis in einem Unternehmen oder einer Abteilung, in dem Vertrauen, Respekt, Verständnis und Freundschaft über lange Zeit aufgebaut und gepflegt wurden, erleichtert die gemeinsame Krisenbewältigung. Dagegen können Menschen auch erschüttert, niedergeschlagen, ängstlich, frustriert oder beleidigt sein. So werden gerade in der Krise Worte falsch interpretiert und fordern eine Gegenreaktion. Vernünftige Lösungsversuche werden unmöglich. Das ganze Spiel zielt dann nur noch darauf, Punkte zu sammeln oder die Schuld zu verteilen. Fühlen Sie sich beim Umgang mit anderen Menschen –gerade in einer Krise- immer in deren menschliche, emotionale Seite ein. Es ist nützlich sich in ihre Lage zu versetzen, so mögliche Argumente zu erkennen und diesen Vorsprung zu nutzen. Die Schuld an eigenen Problemen ihren Mitarbeitern in die Schuhe zu schieben hilft niemandem. Besser ist es zu eigenen Fehlern, die die Krise verursacht haben könnten, zu stehen. Alle sollten sich am Lösungsprozess beteiligen können. Ihre Mitarbeitern dürfen auch Dampf ablassen, aber es darf keine emotionale Reaktion darauf erfolgen. Es ist wichtig Rückmeldun-

---

[221] Im Folgenden vgl.: Fisher, Ury, Patton, Das Harvard-Konzept, S. 39 ff.

gen zu geben und zu versuchen die sachlichen Argumente herauszufiltern. Problem angehen, nicht die Menschen.

9.2.2 Auf Interessen/Ziele konzentrieren, nicht auf Positionen[222]

In einer Krisensituation werden gerne die Schuldigen ausgemacht. Auch wenn dies im Krisengespräch bisweilen nicht offen angesprochen wird, kann es bei Lösungsgesprächen doch immer wieder unterschwellig auf den Tisch kommen. Ebenso kann es bei einer gesamtunternehmerischen Krise vorkommen, dass jede einzelne Abteilung ihre Position einnimmt und strikt verteidigt. Um nun eine Krise zu managen, gilt es die Interessen und Ziele in Einklang zu bringen und nicht die Positionen. Interessen/Ziele werden aus Positionen durch die einfache Nachfrage „Warum?" oder „Warum nicht?" herausgefiltert. Man darf nicht vergessen, dass die wichtigsten Interessen der Menschen ihre Grundbedürfnisse – Sicherheit, Anerkennung, wirtschaftliches Auskommen, Selbstbestimmung – sind. So wird deutlich, wie sehr eine grundsätzliche Problem- und Zielbestimmung in jedem Krisenfall unerlässlich ist. Oft erkennt man im gemeinsamen Krisengespräch erst die weiteren Probleme, die sich durch die verschiedenen Interessen der Mitarbeiter oder der Beteiligten ergeben und kann damit leichter darauf eingehen oder sie lösen.

Zielkonzentration

9.2.3 Entwickeln von Optionen[223]

Einigt man sich in einer gemeinsamen Krisenbesprechung auf nur einen Lösungsweg, so kann dieser sehr schnell scheitern, wenn nur eine Grundbedingung nicht erfüllt wird. Die kann man durch das, zunächst nur gedankliche, Schaffen von Optionen verhindern. In einer ernsthaften Krise, bei der Zeitdruck herrscht, können keine Nebenkriegsschauplätze eröffnet werden. Eventuell können die Optionen parallel von einer anderen Person überprüft

Optionen entwickeln

---

[222] Im Folgenden vgl.: Fisher, Ury, Patton, Das Harvard-Konzept, S. 68 ff.
[223] Im Folgenden vgl.: Fisher, Ury, Patton, Das Harvard-Konzept, S. 89 ff.

werden. Somit wird beim Scheitern der ursprünglichen Lösung eine andere Lösung schneller realisierbar.

9.2.4 Verwenden neutraler/objektiver Beurteilungskriterien[224]

Beurteilungskriterien

Um ein Problem/Krise und seine Lösungsmöglichkeiten zu beurteilen und auf seine Machbarkeit hin zu überprüfen, sind Bauchentscheidungen oft der falsche Weg. Sollte im Krisenfall genügend Zeit sein, holen sie sich eine unabhängige objektive Meinung. Sollte wenig Zeit zur Verfügung stehen, dann holen sie sich den Rat des mutmaßlichen Experten im Raum. Bei all diesen Anmerkungen sind die grundsätzlichen Techniken einer gelingenden Kommunikation vorauszusetzen.

9.3 Sieben krisenkommunikatorische Grundsätze:

Kommunikatorische Grundsätze

Praxistipp

- Alle auf dem Laufenden halten. Fehlende oder falsche Informationen führen in Krisensituationen zu fatalen Fehlern. Immer eine offene Informationspolitik betreiben.

- Alle Informationen werden in Anwesenheit des gesamten Teams gegeben.

- Rückfragen grundsätzlich zulassen.

- Treffen von Entscheidungen nach Rücksprache

- Immer ansprechbar sein; Krisen sind für alle eine hohe emotionale Belastung

- Den Mitarbeitern zeigen, dass sie sich für sie einsetzen, dass ihnen ihr Wohlergehen am Herzen liegt (Personalität, Subsidiarität, Gemeinwohl)

- Nie die Gelassenheit verlieren. V.a. in Krisensituationen „auf die Galerie" gehen.

---

[224] Im Folgenden vgl.: Fisher, Ury, Patton, Das Harvard-Konzept, S.121 ff.

10. «...et respice finem» - Bedenke das Ende

Nicht einfach nach überstandener Krise wieder zum Tagesgeschäft übergehen. Jetzt muss man an die Menschen denken, die von der Krise betroffen waren oder darunter leiden. Gegebenenfalls darf Ihr Mitleid und Beileid zum Ausdruck gebracht werden. Die wohl außergewöhnliche Leistung der einzelnen Mitarbeiter darf nicht vergessen werden. NIE zu danken vergessen, auch die Möglichkeit zur Erholung bieten.

Jede bewältigte Krise bringt ein „Momentum" mit sich, das genutzt werden soll. Jede Krise birgt die Chance, aus ihr gestärkt hervorzugehen. Aus Wunden werden Narben, aber die halten.

Stichwortverzeichnis

Die Zahlen verweisen auf die Seitenzahlen

A

Abgabebeschränkung.................... 21
AHB-Deckung.........85,89,94,101 ff
Deckungsumfang.................... 89,93
Alleinvertreiber............................ 22
Annexkompetenzen 43
Anwendungsvorschriften
  - beigefügte ....61 ff
Arbeitsmittel.......................... 35,97
Assembler.................................12 ff
Audits 10,30
  - Qualitäts- 30
Aufbewahrungsfristen................. 47
Aufgabenbereich........... 20,82 f.,203
  - Originärer........................... 20
Auslandsschäden 85,91,107
    Ausschluss von .... 107 f.
Auslandsschutz......................... 101
Außenhaftung
  - Gesellschafter 111
Austauschkosten ....94 ff

B

Basel II............... 144,146 f.
Baukastensystem 94
Baumaterialien........................... 174
Bayer 119
Befundsicherungspflicht 42
Befugnisnorm 38,40
Begehungsdelikt .... 57 f.
Beschaffenheitsangaben............... 29
Betriebsaufspaltung .... 111 f.
Betriebsanleitung 165
Betriebsbeschreibung................... 86
Besitz-GmbH 112
Betriebs-GmbH......................... 111
Beweiserlangung 46
Beweislast........................ 47,77,153
Beweislastumkehr............ 47,77,153

Beweismittelsammlung............... 44
Beweissicherungsverfahren......... 180
Beweisvereitelung....................... 47
Beweisverwertungsverbot........ 69,71
Blackbox 10
Blutplasma-Fall...................... 55,60
Brennende Tank 118

C

Contergan-Fall 52,60
Controllingsystem 147

D

Deckungsbausteine 94
Deckungslücken............... 86,90,176
Delegation................................ 197
Dokumentation................10,30,41 ff
Durchgriffshaftung..................... 77

E

Eigenschaft, zugesicherte 30,95
Einlassung, rügelose 131
Einschreiben mit Rückschein........ 46
Einstandspflicht............... 94,99,108
Einzelkompensations-
  möglichkeiten 112
Einzelschadensereignis ....104 ff
Endhändler 54,112
Endprodukthersteller............9 ff,112
Entlastungsbeweis..................... 147
Erfolgseintritt
  - objektive Zurechenbarkeit..... 65
Erfolgshonorar 127,147,179
Ermittlungsverfahren
  - strafrechtliches 68,73,108
Ersatzlieferung 95

EUGVVO 27,131
Export 44,92,116,120,132,179
Export-Unternehmen 116

F

Fabrikationsanforderungen 63
Fabrikationsfehler .... 13 ff
Fahrlässigkeit 47,59,76
- bewusste 59
Fehlerquellenprogramm 160
Fehlerverdacht 22
Fertigung 44,77,162
Firestone-Fall 33,43
Folgeschäden 94,101
Freistellungsanspruch 76 f,160
Früherkennungssysteme 147

G

Garantie 29,90,101,160,163,185
Garantieerklärung 163
Garantenpflicht 57
Garantenstellung 57,60
Gebietsschutz 24
Gebrauchsanleitung
.... 4,21,163,166 f.,172
Gebrauchsanweisung 21,44,165
Gebrauchtwarenhandel 22
Gefahrenabwehr 14,37,83
Gefahrenstellen 14
Gefahrsteuerung 81
Geräte u. Produktsicherheitsgesetz
(GPSG) .... 32,34 ff
Gerichtsstandsklauseln 134,155
Geschäftsleitung 55,80
- mehrköpfige 80
Geschäftsverkehr 44
Gewinnabführungsvertrag 112
Gewinneinbußen 7
Gewürzgurken-Fall 135
Globalisierung 116,134,139,142
Göttinger-Blutarzt-Fall .... 55 f.
Gremienentscheidung 81

H

Haftpflichtversicherungen
.... 31,84 ff,93 ff,100,102
Haftung
- deliktische 8,12,77
- erweiterte 22
- vertragliche 27,74,84
- außervertragliche 6
- zivilrechtliche 74
- strafrechtliche 7, 49
- gesamtschuldnerische 10,173
- Vorstände / Geschäftsführer 84
- Leitende Angestellte 58,62,84
- sonst. Mitarbeiter 83
Haftungsausschluss .... 153 f.
Haftungsbegrenzungen 31,84
Haftungsbeschränkungen 158
Haftungsminimierung 111
Haftungsvereinbarungen 174
Haftung nach dem ProdHaftG ... 12 ff,20 ff
Haftungsverteilung 10,31
Händler-Qualifikation 20
Hersteller..
10, 12, 13, 14, 16, 18, 21 ff,25 ff, 36, 38
f.,41 ff, 48, 54, 58, 60, 66 ff, 70, 96, 108,
183, 186, 189 f., 191 f.
Herstellerpflicht 20
Herstellerhinweis .... 21 ff
Hinweispflicht 8,64,136,163
Holzschutzmittel-Fall .... 53,56 f.
Honda-Fall 170
Hühnerpest-Fall 77

I

Imageschäden 7
Import / Importeur................................
.... 17,26 ff,35,38,166 f.,170
- aus EU-Wirtschaftsraum .... 26 ff
- von außerhalb der EU .... 26 ff
Innenverhältnis 11, 16 f.76
Instruktionsfehler 42,76,163
Instruktionspflicht 44,64 f.,163,163,167
Integritätsinteresse 40
Interventionspflicht 82

J

"Just in time" 13

K

"Kalter Kaffee"-Fall 119,123,125
Kaufvertrag 9, 13, 32
Klage .... 179 ff
Klassifizierungsgesellschaften 63
Kompetenzverteilung
- zivilrechtliche 66
Konstruktion 163,172
Konstruktionsanforderungen 172
Konstruktionsfehler
.... 1,11,14,16,53,103,105,118,161
Konstruktionsmangel 14
- Erkennbarkeit 14
KonTraG 43,47,137,144,147,179
Konzern ....
33,43,109,112 f.,118 f.,135 f.,
144,170,182,184,186,187,188
- qualifiziert-faktischer .... 112 ff
Kundenreklamationen 22
Kulanz 4
Kulanzrückrufe .... 33 f.
Kursrutsche 7

L

Lederspray-Fall 49,58,60,67,79
lex fori 122
Lieferant ....
.... 9 f.,54,61,63,146,157,183,188
- Verlässlichkeit 9
Lieferkette .... 173 f.
Lieferverzug 101,150
Lipobay 119
Lizenznehmer .... 15 f.

M

Mandantenwerbung 128
Mangelhaftigkeit 12,92,95,100
Mindererlös, Dritter 96
Minderung 89,101,161

Mindesthaltbarkeitsdaten 22
Mitarbeiter ....
...43,47,49 f.,5,63,66 f.,74 f.,77ff,83,
.... 103,148,158,175,184 f.,194 ff
Mitverschulden 21
Modulhersteller 13
Montageanleitung 44,163
Montageunternehmen .... 12 ff
Monza-Steel-Fall 53
Motorsensen-Fall 21
Muttergesellschaft 121

N

Nacherfüllung .. 89,99,101,121,154 f.
Nachlieferung 98
Nachweise 48,146,171
- entlastende 48
Nichtbeseitigung 93
Nichterfüllung 101
Nicht-EU-Staat 28

O

Organisation ... 22,45,61,110,142,174
- betriebliche 66
- pflicht 82
Organisationsverschulden 79

P

Personenstrafrecht 66
Personalauswahl 174
Pflichten
- Händler- 25
- Hersteller- 20
- Hinweis- 8
- Mitwirkungs- 23
- Prüf- 9 f.,28
- Qualitätssicherungs- 29
- Verkehrssicherungs- .... 10 f.
- Warn- 32
Pflichtverletzung .9,67,77,79f,83,151
PHB-Deckung .... 85 f., 93 ff
Pinto-Affäre 170
Postloss-Risk-Management ...7,176 ff

Stichwortverzeichnis

Produkthaftung nach dem
ProdHaftG 18,23,25,28
Produkt
- no-name- 23
- unsicheres 38
- Abnahme 63
Produktbeobachtung 170 ff,61
Produktbeobachtungspflicht 28,60,62
Produktbeobachtungsfehler 16,20,99
Produktfehler . 7,20 f.,74 f.,97,84,105
Produktgefährlichkeit 24,25,91
Produkthaftung
- deliktische .... 173 f.
- internationale .... 115 ff, 44
- in der EU .... 131 ff
- internationale Zuständigkeit
   120
- außerhalb der EU 134
- in den USA .... 118 ff
   - due process of law .... 121 f.
- Minimum contacts
   und long arm statutes 170
- Realisierung der
   Verantwortung 159
Produkthaftungsfall..... 1,5,171 ff,193
Produkthaftungsrisiken .... 158 ff
Produkthaftungsrisiko-
Management .... 158 ff
Produkthaftungsstrafrecht62,64,71
Produkthaftungsrecht
- amerikanisches .... 122 f.
Produkthaftpflichtversicherer .. 31,90
Produkthaftpflichtversicherung.........
.... 85,89 ff,83 ff
Produktmissbrauch 179
Produktionsausfall 98
Produktionsausfallkosten 96,100
Produktionsfehler 10,99,170
Produktsicherheit 14,22,25,62,79
Produktsicherheitsgesetz........ 34 ff,48
Produzentenhaftung
- deliktische ....
   .. 9,13,18 f., 19 f., 25 f.,27 f., 84
Prüfpflicht .... 9 f.
Prüfkosten .... 97 f.
Produktbeobachtungspflicht 28,60,62
Produktbeobachtungsfehler 16,20,99

Produktfehler ....
................7,20,29,50,71,74 ff,82,84
Produktsicherheit 14,22,25,62,79
Produzentenhaftung, deliktische ....
.... 7 f.,9,13,16,18,19,25,27

Q

Qualität 2,9 f,158,170
Qualitätsmanagement............150 ff
Qualitätssicherungsvereinbarungen ..
....10,29 ff
Quasihersteller 17 ff,18

R

Rahmenverträge 25
Rating.............................. 144,146 f.
Reemtsma-Fall 136
Rechtsformwahl 110
Rechtswahlklauseln31,122,133 f.,155
Regelwerke .... 61 f.
Regress...................................... 16
Reifenhändler- Fall ....53 f.
Ressortüberschreitung................. 67
Restrisiko 149,163,176
Risikoanalyse ....148 ff
Risikoerfassungsbogen.............150 ff
Risikobewusstsein 5,161
Risikoerhöhungen ....89 ff.
Risikomanagement
- im Bereich der
   Produktfehlerhaftung ....137 ff
Risikomanagementsystem.........146 ff
Risikosenkung........................... 112
Risikoverteilung....................173 ff
- Endprodukthersteller.........173 f.
- Zulieferer ....173 f.
Risikoverringerung 7
- durch Produkthaftpflicht-
   versicherungen ....84 ff
- durch gesellschaftsrechtliche
   Gestaltungen ....109 ff
Repression................................. 40
Rückruf ....32 ff
Rückruf-oder Rücknahmeanordnung
   ....37 f.

Rückrufpflicht 39,176
Rückrufkosten .... 100 ff
Rückrufkostenversicherung ... 99,107
Rückrufversicherung 44,110
Rückstellungen 99,111,192f
Rücktritt 89,101,155
Rügeobliegenheit .... 30,89 f.

S

Sachkunde 22,107
Sachmangel 163
Sachmängelhaftung
- vertragliche ....
  7,9,12,16,17,19,15,27,41,173 f.
Sachschaden 53,105
Sammelklagen 119
Schadensabwendung 108
Schadensausgleich
- innerbetrieblicher .... 75 ff
Schadensereignis .... 88 ff
Schadensfall ....
.... 84,87,103,106,147,172,174,180
Schadensersatz ....
.... 13,27,119,121 ff,130,136,166,170
Schadensersatzansprüche ....
.... 45,88 f,95 ff
Schadensersatzforderungen 5,194
Schadensminimierung 108
Schadensobliegenheiten1 108
Schadensquotelung 76
Schadensteilung 76
Schadensursachen 58
Schadensveranlassung 75
Schriftstücke
- ausländische .... 129 ff
- HZÜ (Haager Zustellungs-
  übereinkommen .... 129 ff
Serienschäden .... 98, 102 ff
Serienschadenklausel .... 104 ff
Sicherheitsmängel 36
Sicherheitsstandards 27,161
Sichtkontrolle 22
Schiedsgerichtsvereinbarung 180
Schmerzensgeld 130,136
Schuldrecht, Neues 30
Schuldrechtsmodernisierung 3,133

Schuldvorwurf 78
Sorgfaltspflicht, Verletzung .... 60 ff
Stichproben 10
stream of commerce 92
Streitverkündigung 180
Sublieferant 13
Systemlieferant .... 12 f.

T

Tätigkeitsschäden 85,92
Teilehersteller .... 7 ff
Teileherstellung 8
Teilelieferant 13
Teilprodukte 116
Teilungsabkommen 179
„Turmbau zu Babel-Syndrom" .. 179

U

Umsatzeinbußen 7
UmwG 111
UmwStG 112
Ungesunde Ernährung 119
Universalsukzession 111
Unterlassungsdelikt .... 57 ff
Untersuchungspflicht .... 22 ff
Untersuchungs-.Rügeobliegenheit
- kaufmännische .... 30, 89 f.
Ursächlichkeit .... 53,58 ff
US-Tread-Act .... 41 ff

V

Verarbeitungsfehler 13
Verbraucherprodukte .... 35 f.
Verbrauchsgüterkauf 133.174
Verjährung ....
.... 31,45,47,89 ff,152 f,172
Verkehrserwartung 22
Verkehrspflichten 39,62
Verkehrssicherungspflichten ....
.... 10,61,80 ff
Verschleiß 9,22
Verschuldensfrage 30
Vertragshändler .... 24 ff
- Haftung 24
Vertriebshändler .... 18,24 ff

Verursachungsbeitrag 65
Verurteilungen 3.136
Vorsatz 55,59,76,92
Verarbeitungsfehler 13
Verkehrserwartung 24
Verkehrspflichten 44

W

Warenbeschreibung 29
Warenstrom 116
Warnhinweise .... 119,163 ff,
Warnpflicht 22 ff,136
Warnungsanordnung 37
Wareneingangskontrolle 10,28
Weiterverarbeitung 19 ff,96
Werbung .... 40,128,163 f.
Werbeaussagen .... 163 f.
Werkvertrag 13
Werkliefervertrag 28

Z

Zertifizierung 47.158
Zertifizierungsvorgänge 47
Zivilrecht 6
Zeugen ... 24,41,46 f.,68 ff,171 ff,189
Zubehörhersteller 40
Zurechnung
  - objektive 65
Zusicherung .... 29 f.,90 ff
Zustellung .... 117,129 ff
Zwischenstecker-Fall .... 50 f.

Prof. Dr. jur. Josef Scherer
Richter am Landgericht a. D.

Prof. Dr. Josef Scherer ist seit 1996 Professor für Wirtschaftsprivatrecht und Unternehmensrecht, insbesondere Risiko- und Krisenmanagement, Sanierungs- und Insolvenzrecht an der Fachhochschule Deggendorf. Zuvor arbeitete er als Staatsanwalt und Richter am Landgericht Landshut in einer Zivilkammer. Er erstellt wissenschaftliche Rechtsgutachten und ist in Schiedsgerichtsverfahren tätig. Er ist Vorstandsvorsitzender des Instituts für Mittelstandsberatung IFM AG. Seit 2001 arbeitet er auch als Insolvenzverwalter in verschiedenen Amtsgerichtsbezirken. Prof. Dr. Josef Scherer ist gesuchter Referent unter anderem beim Fachanwaltslehrgang für Insolvenzrecht, bei Managementschulungen im Rahmen der IFM-AG und des BayTech-Management-Centers, bei zahlreichen Inhouse-Schulungen in namhaften Unternehmen und Konzernen sowie im Weiterbildungsprogramm des Senders BR-alpha.

Forschungs- und Tätigkeitsschwerpunkte: Vertragsrecht, Produkthaftungsrecht, Kreditsicherungsrecht, Sanierungs- und Insolvenzrecht, Forderungsmanagement, Managerhaftung.

Zahlreiche Publikationen auf den Gebieten: Arbeitsrecht, Gesellschaftsrecht, Europarecht und Kreditsicherungsrecht, Recht der Allgemeinen Geschäftsbedingungen, Insolvenzrecht und Produkthaftungsrecht.

Eine Liste der Veröffentlichungen unter:
http://fh-deggendorf.de/bwl/allgemein/professoren/scherer/publikationen

Kontakt: josef.scherer@fh-deggendorf.de

Johannes Friedrich
Rechtsanwalt

Rechtsanwalt Johannes Friedrich studierte Rechtswissenschaft an der Universität Passau.

An der Fachhochschule Deggendorf betreut er seit 2003 einen Lehrauftrag für Unternehmensrecht. Er hält Vorträge für die IFM AG, im Rahmen des BayTech-Management-Centers sowie bei diversen Inhouse-Schulungen in Unternehmen, wo er als Berater für die Bereiche Vertragsmanagement, Qualitätssicherung und Produkthaftung besonders gefragt ist. Als Dozent der Existenzgründer-Initiative GROW unterstützt er zudem junge Unternehmen bei den wichtigen ersten Schritten im Wirtschaftsleben.

Neben seiner Tätigkeit als Rechtsanwalt promoviert er zur Thematik der Auswirkungen der Schuldrechtsreform auf die Vertragsgestaltung und das Recht der Allgemeinen Geschäftsbedingungen unter besonderer Berücksichtigung des Zentralregulierungsgeschäfts von Einkaufsverbänden. Seine Interessenschwerpunkte liegen in den Bereichen Produkthaftungsrecht, Vertragsrecht, Versicherungsrecht und Strafrecht.

Veröffentlichungen:

Johannes Friedrich ist Mitautor u. a. weiterer Bände aus der Reihe Wirtschaftsrecht für Praktiker: „Wer den Schaden hat... Band 1, Unverzichtbares Praxiswissen zur Vermeidung der Produktfehlerhaftung" und „Verträge, Praxiswissen Vertragsmanagement", erschienen im rtw medien Verlag.

Dipl. Theol. (Univ.) Peter Schmieder
Wirtschaftsmediator, Managementtrainer

Peter Schmieder studierte Theologie an der Universität Regensburg. 1992 / 93 vertiefte er seine Studien im Master of Divinity-Program an der renommierten University of Notre Dame, USA mit den Schwerpunkten Homiletik, Rhetorik, Supervision, Krisen- und Konfliktkommunikation und Mediation.

Ausbildung zum Mediator (BFMK) am Institut für Mediation und Konfkliktmanagement, München. Ausbildung zum NLP-Practitioner in den USA und in Regensburg. Fortbildungen zu Zeitmanagement sowie Kommunikations- und Diskussionstraining.

Seine Tätigkeitsschwerpunkte liegen im Bereich der Wirtschaftsmediation, Harvard-Verhandlungstechnik, Psychosoziale Unternehmensberatung, Konflikt- und Krisenmanagement, NLP, Kommunikation, Rhetorik und Coaching. Als Projektleiter ist er mit diversen Insolvenzplanverfahren in der Insolvenzverwaltung Prof. Dr. jur. Josef Scherer betraut.

Er ist Lehrbeauftragter an der Fachhochschule Deggendorf und gefragter Dozent u. a. im Rahmen der BayTech Managementschulungen.

Veröffentlichungen:

Peter Schmieder ist Mitautor weiterer Bände aus der Reihe Wirtschaftsrecht für Praktiker: „Wer den Schaden hat… Band 1, Unverzichtbares Praxiswissen zur Vermeidung der Produktfehlerhaftung" und „Verträge, Praxiswissen Vertragsmanagement", erschienen im rtw medien Verlag.

Dipl. Jur. (Univ.) Christina Koller
Rechtsanwältin

Christina Koller studierte an der Universität Regensburg Jura und Unternehmenssanierung mit den Schwerpunkten Sanierung, Reorganisation und Liquidation von Unternehmen.

Seit 2001 ist sie in der Insolvenzverwaltung Prof. Dr. jur. Josef Scherer in Straubing mit verschiedenen Planverfahren und Sanierungen betraut. Zu ihren Tätigkeitsgebieten zählen auch die Konzeption und Betreuung des Aufbaus und Implementierung von Risikomanagement-Systemen in Unternehmen und Aufgaben des Kanzleimanagements und Marketings sowie Qualitätsmanagement in Anwaltskanzleien.

Als Lehrbeauftragte für Wirtschafts- und Multimediarecht ist sie an der Fachhochschule Deggendorf tätig. Seit 2000 agiert sie als Dozentin im Rahmen weiterer Lehraufträge für Arbeits- und Berufsbildungsrecht, Kaufvertragsrecht sowie Handels- und Gesellschaftsrecht bei der quin-GmbH sowie bei der Trainingsfirma JROMA-GmbH in Deggendorf, für die IHK-Akademie Niederbayern und bei Fortbildungsveranstaltungen für die Regierung von Niederbayern.

Veröffentlichungen:

Christina Koller ist u. a. Mitautorin weiterer Bände aus der Reihe Wirtschaftsrecht für Praktiker: „Wer den Schaden hat... Band 1, Unverzichtbares Praxiswissen zur Vermeidung der Produktfehlerhaftung" und „Verträge, Praxiswissen Vertragsmanagement", erschienen im rtw medien Verlag, und des IHK-Übungsbandes für geprüfte Bilanzbuchhalter.

Die Reihe Wirtschaftsrecht für Praktiker – bisher erschienen:

Scherer / Friedrich / Schmieder / Koller / Scholz
Wer den Schaden hat ... Band 1
Unverzichtbares Praxiswissen zur Vermeidung der Produktfehlerhaftung
2. Auflage, rtw medien verlag 2006
ISBN 3 – 937520-07-4

Aus dem Inhalt:
Sachmängel ▪ Garantien ▪ Haftung bei fehlerhaften Produkten ▪ Verbrauchsgüterkauf▪ Rechte des Käufers ▪ Rechte des Verkäufers und Herstellers ▪ Wirkung von Garantieerklärungen ▪ GPSG ▪ Verjährung ▪ Haftungsausschlüsse ▪ Haftungsbegrenzungen ▪ Produktfehler und Allgemeine Geschäftsbedingungen ▪ Deliktische Produzentenhaftung ▪Produkthaftungsgesetz

Scherer / Friedrich / Schmieder / Koller / Scholz
Wer den Schaden hat ... Band 2
Unverzichtbares Praxiswissen zur Vermeidung der Produktfehlerhaftung
2. Auflage, rtw medien verlag 2006
ISBN 3 – 937520-06-6

Aus dem Inhalt:
Strategien zur Vermeidung und Verringerung wachsender Risiken im Bereich der Produktfehlerhaftung ▪ Risikomanagement im Bereich der Produkthaftung ▪ Haftung der Zulieferer ▪ Haftung der Montageunternehmer ▪ Haftung der Franchisenehmer ▪ Haftung des Händlers ▪ Qualitätssicherungsvereinbarungen ▪ Beweislastverteilung ▪ strafrechtliche und zivilrechtliche Verantwortlichkeit von Managern und Abteilungsleitern ▪ Risikoverringerungsmöglichkeiten durch gesellschaftliche Gestaltungsmöglichkeiten ▪ Produkthaftpflichtversicherungen ▪ Risikoverringerung durch Dokumentation ▪ Internationale Produkthaftung

Scherer / Friedrich / Schmieder / Koller u. a.
Verträge – Praxiswissen Vertragsmanagement
rtw medien verlag 2005
ISBN 3 – 937520-02-3

Aus dem Inhalt:
Vertragsbeziehungen des Unternehmens • Vertragsarten • Vertragsabschluss • Grundzüge der Vertragsgestaltung • Qualitätsnormen • Qualitätssicherungsvereinbarungen • Risikomanagement im Vertragswesen • Gestaltung von Formularverträgen • AGB-Kontrollrecht • Forderungs-absicherung im Vertrag • Loslösungsmöglichkeiten vom Vertrag • Leistungsstörungen • EDV-Unterstützung beim Vertragsmanagment • Dokumentation • Umsetzungscontrolling • Verhandlungstechniken

Sekretaruk / Klug / Kaiser / Winter / Donath / Haas
Praxis des Wettbewerbsrechts und des gewerblichen Rechtsschutzes
rtw medien verlag 2006
ISBN 3 – 937520-03-1

Aus dem Inhalt:
Schutz des Designs durch das Geschmacksmusterrecht • Patentrechte • Erfindungen im Unternehmen und deren Handhabung nach dem Gesetz über Arbeitnehmererfindungen (ArbnEG) • Markenrecht • Gesetz wider den unlauteren Wettbewerb (UWG)

Bestellen Sie direkt unter:

Praktiker GbR
Theresienplatz 29
94315 Straubing
Tel. 09421 / 33039-40